한 권으로 보는
마천루 건축의 역사

초고층
도 　시
맨해튼

한 권으로 보는
마천루 건축의 역사

초고층
도　시
맨해튼

이중원 지음

사람의무늬

책을 펴내며

이 책은 대중을 위한 마천루 입문서이자 동시에 맨해튼 마천루 개론서이다. 필자의 최근작 『건축으로 본 뉴욕 이야기』의 속편이라고 볼 수 있다. 전편에서 길을 통해 개괄적인 맨해튼 이야기를 했다면, 이 책에서는 마천루에 중점을 두고 이야기를 하고자 한다. 맨해튼은 길의 도시이자 마천루의 도시다.

18세기 세계의 수도는 런던이었고, 19세기 세계의 수도가 파리였다면, 20세기 세계의 수도는 맨해튼이다. 이전 유럽의 수평 도시들과 다르게 맨해튼은 마천루를 통해 수직 도시를 만들었다. 맨해튼을 가장 맨해튼답게 만드는 특징이 바로 끝없이 높은 곳을 향한 수직성이다. 이로써 맨해튼은 하늘도시가 되었다.

20세기 초 세계 마천루 시장은 미국이 주도했다. 그중에서도 시카고와 맨해튼이 선두 주자였다. 1871년 대화재를 통해 잿더미가 된 시카고가 수평 도시에 새로운 건축형식으로 수직의 생각을 도입한 것은 유명하다. 이때 발명한 새로운 건축 형식이 바로 마천루이다. 당시 시카고와 맨해튼은 육로와 수로, 철로로 하나가 된 도시였는데 시카고가 마천루를 발명했다는 소식은 발 빠르게 맨해튼에도 전해졌다. 맨해튼은 시카고와 경쟁하면서 많은 마천루를 지었다. 맨해튼의 부가 시카고를 능가하면서, 수많은 마천루 건설의 꿈과 새로운 실험이 맨해튼에서 이뤄졌다. 마천루의 씨앗은 시카고가 뿌렸지만, 그 꽃은 맨해튼에서 폈다고 할 수 있다.

이 책에서는 맨해튼 마천루 발전 과정(양식사)을 크게 일곱 개로 나눠 정리하고, 각 시대를 대표하는 주요 마천루를 살펴볼 것이다. 맨해튼에는 수도 없이 많은 마천루가 있다. 따라서 이 책에서는 맨해튼을 대표할 수 있는 랜드마크 마천루를 중심으로 살펴본다. 이러한 랜드마크 마천루들은 독립적인 건축물이면서 동시에 인근 거리를 살리는 관계적인 건축물이다.

맨해튼에 마천루 붐은 세 차례였다. 그중에서도 가장 유명하고 중요한 마천루 붐은 1920~30년대, 1차 세계대전 후다. 이 시기를 '아르데코 스타일 마천루 시대'라 한다. 두 번째 마천루 붐은 1950~60년대, 2차 세계대전 후로 이 시기를 '인터내셔널 스타일 마천루 시대'라 부른다. 그리고 최근이 바로 '최첨단 마천루 시대'다. 오늘날 맨해튼은 마천루 르네상스 시대를 맞고 있는데, 이는 이 책을 쓴 직접적인 동기 중 하나가 되었다.

1920년대 이전의 초창기 마천루들은 대부분 로어맨해튼에 집중해 있다. 아르데코 시대를 기점으로 로어맨해튼과 미드 맨해튼(미드타운)은 본격적인 경쟁에 들어가고, 1950~60년대에는 미드 맨해튼이 맨해튼 마천루 시장을 이끌기 시작한다. 9·11테러로 그라운드 제로가 언론에 집중 조명되면서 최신 마천루는 다시 로어맨해튼에 집중된다.

이 책에서 다루는 대부분의 마천루들은 특정 도로에 집중되어 있다. 첫 번째 거리는 맨해튼의 대표 도로인 브로드웨이와 5번 애비뉴이다. 이 두 도로에는 맨해튼의 마천루 역사가 고스란히 녹아 있다.

두 번째는 맨해튼 금융가인 로어맨해튼의 월스트리트와 미드 맨해튼의 파크 애비뉴이다. 월스트리트에서 시작한 마천루 경쟁은 점차 파크 애비뉴로 이동한다. 오늘날 로어맨해튼과 미드 맨해튼은 경쟁적으로 마천루를 짓고 있다.

앞에서 언급한 것처럼 맨해튼 건축 이야기는 두 가지 키워드로 풀어나갈 수 있다. 하나는 길이고, 다른 하나는 마천루이다. 『건축으로 본 뉴욕 이야기』는 맨해튼 길에 대한 책이고, 이 책은 맨해튼 마천루에 대한 책이라고 할 수 있다. 길의 이야기가 맨해튼 흐름에 대한 이야기라면, 마천루의 이야기는 맨해튼 높이에 관한 이야기이다. 이 책을 읽으면서 맨해튼의 길에 대한 궁금한 점이 생긴다면, 필자의 전작을 추천한다.

어찌하다 보니 보스턴에 관한 책을 낸 후, 맨해튼에 관한 책을 두 권이나 내게 되었다. 이번 책을 통해 건축가 독자들은 띄엄띄엄 알고 있던 맨해튼 마천루를 하나의 체계적인 흐름 속에서 이해할 수 있으면 좋겠고, 일반 독자들은 마천루에 대한 재미를 느끼고 맨해튼에 직접 마천루를 보러 가고 싶은 마음이 생기면 좋겠다.

책이 나올 때까지 도움을 주신 많은 분께 감사를 전한다. 먼저 가족들에게 감사를 전한다. 특히 어머니께 늘 감사하다. 아버지와 아이들에게 보여주시는 어머니의 헌신은 내가 마음 놓고 일할 수 있는 밑바탕이다. 다음으로, 학교 동료 교수들과 제자들에게 감사를 전한다. 성균관대 건축학과는 나를 늘 깨운다. 동료 교수님들의 열심과 젊은 제자들의 패기는 나를 꾸준히 흔들어준다. 특히, 지난 6년간 3학년 1학기 고층 오피스 건축 설계 스튜디오에서 학생들과 나눈 대화들은 이 책에 고스란히 녹아 있다.

다음으로 아이에스엠 건축연구소 식구들에게 감사를 전한다. 아이에스엠은 내가 책을 쓰는 이유이다. 내 관점은 아이에스엠 식구들의 도전과 자극으로 변하고 발전한다. 서울에서 작업하면서 맨해튼 마천루 이야기를 할 수 있는 이유는 내가 아이에스엠에서 건축가로 활동하고 있기 때문이다. 2014년 아이에스엠 식구들인 이경아 소장, 홍성준, 이효민, 김건욱, 박고운에게 깊은 고마움을 전한다. 끝으로 항상 좋은 책을 만들어주신 출판사에도 감사의 마음을 표한다.

차
례

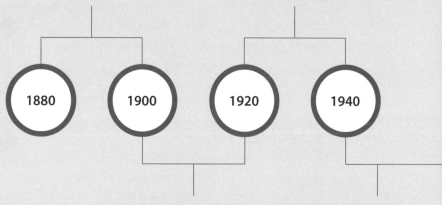

아르데코 스타일
마천루 시대

상상력의 시대

철의 광채와 돌의 색채가
건물 외장에 반영됨

고딕 정신이 간소화됨

▸ 크라이슬러 빌딩(1930)
▸ 엠파이어스테이트 빌딩(1931)
▸ 록펠러 센터(1932~1940)

기능주의 마천루 시대

마천루 시대를 개막

부드러운 연철 기술로 외장을 장식

1880 1900 1920 1940

절충주의 마천루 시대

고딕 양식과 고전주의 양식을
오고간 혼합 시대

▸ 플랫아이언 빌딩(1903)
▸ 울워스 빌딩(1913)

인터내셔널 스타일
마천루 시대

2차 세계대전 후 미국으로
스타 건축가들이 몰림

경제적이고 기능적인 유리
마천루의 시대디자인은 장식이
아니라고 표방

대기업 본사 마천루 디자인을
통해 미국식 세계화 출범

▸ 레버 빌딩(1952)
▸ 시그램 빌딩(1958)

후기 모더니즘
마천루 시대

경제적 가능성과 부의 상징으로
초고층 건축 시대 도래.

유리 마천루 디자인에서 벗어나
구조, 설비, 시공의 경제성 등을
고려해 디자인함

▶ 포드 재단 빌딩(1968)
▶ GM 빌딩(1968)

포스트모더니즘
마천루 시대

복고주의로 시작하여 네오
모더니즘, 부드러운 형태의
마천루와 새로운 장식적인
마천루가 시작됨.

▶ LVMH빌딩(1999)
▶ 8 스프루스 스트리트(2011)

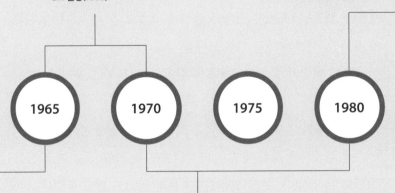

포스트모더니즘 전조
마천루 시대

마천루 형태의 인체 비유

추상적인 삼단 구성법의
마천루가 시작

▶ 시티 코어 빌딩(1978)
▶ AT&T 빌딩(1984)

맨해튼

맨해튼은 지리적으로 긴 섬의 남단인 로어맨해튼에서 시작했다. 당시에도 사람들의 왕래가 많은 길이 있었는데, 훗날 이 길은 브로드웨이가 됐다. 맨해튼은 인디언에서 네덜란드인으로 주인이 바뀌었고, 다시 영국인에서 미국인으로 주인이 바뀌었다. 인디언들은 이 섬을 가리켜 '매나하타'라고 불렀고, 네덜란드 인들은 '뉴암스테르담'이라 불렀다. 그러다가 영국의 요크(York) 공작이 이 지역을 지배하기 시작하면서부터 '뉴 요크'가 되었고, 오늘날 뉴욕(New York)이 탄생했다. 오늘날 미국인들은 영국인들이 남기고 간 '뉴욕'과 인디언들의 유산인 '맨해튼'이란 지명 모두를 사용한다.

미국은 영국과의 독립전쟁에서 승리했다. 무역 요충지인 맨해튼에는 사람들이 기하급수적으로 몰리기 시작했다. 맨해튼은 로어맨해튼에 한정되어 있던 행정구역을 북쪽으로 팽창할 수밖에 없었다. 1811년 맨해튼은 북쪽 땅의 계획적인 관리를 위해 직교 가로체계인 '그리드'를 놓았다. 브로드웨이는 지우지 않고 그대로 두었다. 바둑판 도로에 대각선 도로가 사선이 되어 격자를 깼다. 그리드는 규칙이었고, 브로드웨이는 변칙이었다.

뉴요커들은 그리드의 남북 방향 길을 애비뉴라 불렀고, 동서 방향의 길을 스트리트라 불렀다. 애비뉴의 도로 폭은 스트리트보다 넓었다. 애비뉴들과 브로드웨이가 교차하며, X자형 광장이 4곳에 세워졌다. 맨해튼을 맨해튼답게 만드는 대표광장이 타임스 스퀘어인데, 타임스 스퀘어(7번 애비뉴)가 바로 X자형 광장이다. 이밖에도 맨해튼에서 유명한 X자형 광장은 매디슨 스퀘어(5번 애비뉴), 헤럴드 스퀘어(6번 애비뉴), 콜럼버스 서클(8번 애비뉴)이다.

근대 조경의 아버지 프레데릭 로 옴스테드는 급격한 도시화로 회색 도시가 되어가는 맨해튼을 살리고자 맨해튼 중심에 센트럴파크를 계획했다. 1850년 맨해튼 중심에 센트럴파크가 들어섰다. 이로써 맨해튼은 중심에 허파 같은 거대한 공원을 가지게 됐다. 브로드웨이

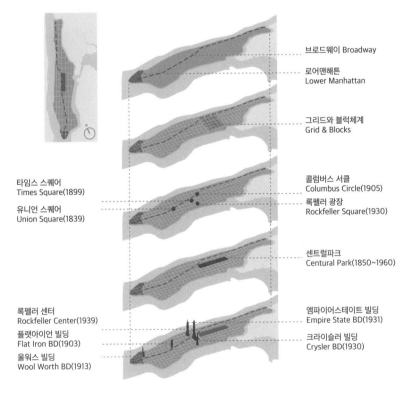

브로드웨이 Broadway

로어맨해튼
Lower Manhattan

그리드와 블럭체계
Grid & Blocks

타임스 스퀘어
Times Square(1899)

유니언 스퀘어
Union Square(1839)

콜럼버스 서클
Columbus Circle(1905)

록펠러 광장
Rockfeller Square(1930)

센트럴파크
Centural Park(1850~1960)

록펠러 센터
Rockfeller Center(1939)

플랫아이언 빌딩
Flat Iron BD(1903)

울워스 빌딩
Wool Worth BD(1913)

엠파이어스테이트 빌딩
Empire State BD(1931)

크라이슬러 빌딩
Crysler BD(1930)

길로 시작한 맨해튼은 광장과 공원과 마천루를 만들었다. 이 중에서 마천루는 맨해튼의 꽃이다. 숱한 맨해튼 마천루 중에는 이정표가 되는 마천루들이 많다. 1902년의 플랫아이언 빌딩을 시작으로, 1913년 울워스 빌딩은 최초로 구름 위로 솟았으며, 1931년 엠파이어스테이트 빌딩은 처음으로 100층을 넘으면서 초고층 도시의 시대를 열었다.

가 대각선으로 그리드의 격자를 깼다면, 센트럴파크는 면으로 그리드의 격자를 깼다.

인구 증가에 대한 대응으로 수평적(섬 북쪽으로의 이동) 팽창만으로는 부족했다. 고밀화는 도시의 수직적 팽창을 불러오면서 마천루가 하나둘씩 세워졌다. 1902년에 매디슨 스퀘어에 플랫아이언 빌딩(고전 양식)이 들어섰는가 하면, 1913년에 시청광장 앞에 울워스 빌딩(고딕 양식)이 들어섰고, 1930년에 42번 스트리트에 크라이슬러 빌딩(아르데코 양식)이 들어섰다. 산업혁명과 1차, 2차 세계대전을 거치며 맨해튼에는 세계 각지에서 엄청난 인구가 유입되었다. 섬이라는 지리적인 제한성으로 맨해튼 마천루는 계속 높아질 수밖에 없었다.

이로써 맨해튼은 브로드웨이의 도시, 그리드의 도시, X자형 광장의 도시, 센트럴파크의 도시가 되었고, 무엇보다 초고층 마천루의 도시가 되었다. 즉, 길과 광장, 공원과 마천루의 도시가 된 셈이다. 이 책에서는 특히 마천루 도시로서의 맨해튼을 조명하고자 한다.

1896년 MIT에서 건축을 수학한 건축가 루이스 설리번은 시카고에서 마천루를 보고 다음과 같이 말했다. "마천루란 무엇인가? 그것은 높고 키가 크다. 마천루 안에는 힘과 운동이 있어야 하고, 영광과 광명이 있어야 한다. 마천루는 눈금마다 열정과 열망으로 치솟아야 한다. 그것은 하늘 높이 날아오르는 기쁨이어야 하고, 땅에서부터 하늘까지 추락하는 선 하나 없는 치솟음이어야 한다."

마천루 도시인 맨해튼을 두 마디로 정의하라고 한다면, '높이'와 '변화'이다. 맨해튼은 새로운 높이의 마천루로 늘 변화해 왔으며 오늘도 새로운 마천루로 내일을 준비하고 있다.

마천루 도시

마천루란 무엇일까? 마천루는 높은 건물을 뜻한다. 땅이 제한된 도시에서 인구의 폭발적인 증가는 땅의 고효율화를 촉진한다. 맨해튼만큼 인류사에서 이러한 점을 극명하게 보여주는 도시도 없다. 건축은 솟아야 하고, 높아야 한다. 고만고만한 높이의 건물이 수직적으로 팽창하자, 사람들은 하늘을 찌른다는 의미로 '마천루(skyscraper)'라고 불렀다.

인류에게 고층 건축은 고대에도 있었고 중세(고상도시)에도 있었지만, 우리가 흔히 말하는 초고층 마천루 현상은 19세기 미국의 현상이다. 산업혁명으로 기술이 쌓이고 돈이 쌓이고 사람들이 한곳에 집중하자 건축은 솟아야만 했다. 특히 맨해튼은 미국 도시 중에서도, 아니 세계 도시 중에서도 마천루 도시로는 둘째가라면 서러운 도시다.

마천루라는 건축 형식이 있기 전에 도시에서 가장 높은 건물은 사람이 계단을 통해 걸어서 올라갈 수 있는 5층 정도였다. 따라서 인도와 접한 쇼윈도를 가진 1층이 가장 높은 임대료를 받았고, 위로 올라갈수록 계단을 올라가야 하는 수고로움으로 임대료가 낮아졌다. 그러나 수직 이동 수단인 엘리베이터의 발명은 획기적이었다. 엘리베이터 발명 이후, 마천루는 급속도로 퍼졌다. 꼭대기 층의 임대 프리미엄은 1층과 비슷했다. 특히 회사 임원들을 위한 공간으로 마천루는 높을수록, 층은 최상층일수록 좋았다.

맨해튼에서 마천루는 1890년대부터 이곳저곳에서 하나 둘씩 세워졌지만, 사람들이 손꼽는 맨해튼 마천루 1호는 매디슨 스퀘어에 1902~3년에 세워진 플랫아이언 빌딩이었다. 이 빌딩은 맨해튼 특유의 X자형 광장 남쪽 삼각형 땅에 세워져 맨해튼 마천루 1호로서의 의미를 각별하게 했다. 플랫아이언 빌딩은 그리드 가로체계와 브로드웨이 만남을 설명했고, 삼각형처럼 뾰족한 모습으로 지어짐과 동시에 사람들의 이목을 집중했다. 뿐만 아니라, 플랫아이언 빌딩은 마천루 창시자 중에 한 사람인 시카고 건축가 다니엘 번햄이 맨해튼에 세운 최초의 마천루로서 정통성을 획득했다. 플랫아이언 빌딩은 맨해튼 마천루 1호로 등극하여 최초의 랜드마크 마천루가 되었다.

맨해튼 마천루 1호는 준공과 함께 엄청난 속도로 세간에 회자됐다. 높이는 곧, 브랜드(Brand)였고, 트렌드(Trend)였다. 플랫아이언 빌딩은 맨해튼 마천루 건설에 불을 지폈다. 뿐만 아니라, 이 건물은 앞으로 전개될 맨해튼 마천루의 방향을 정했다. 맨해튼은 점증적으로 마천루 도시가 되어 갔다.

맨해튼이 마천루 도시라는 별명을 얻은 데는 20세기 이후에 세워진 수많은 마천루 덕분이다. 10층 미만의 도시에서 초기 마천루들이 20층, 30층을 넘겼다. 이후 '뉴욕에서 가장 높은 건물'이라는 호칭은 기업 브랜드를 높이는 장치였다. 한번 높음을 맛보자 더 높음을 향한 열망은 치열해졌다. MIT에서 건축을 수학한 마천루 창시자 건축가 루이스 설리번은 다음과 같이 말했다.

"마천루란 무엇인가? 그것은 높고 키가 크다. 마천루 안에는 힘과 에너지가 있어야 하고, 영광과 긍지가 있어야 한다. 마천루는 모든 길이마다 치솟는 자부심과 의지로 가득 차야 한다. 그것은 높이 날아오르는 기쁨이어야 하고, 밑에서부터 위까지 낙하하는 선 하나 없는 비상이어야 한다."

맨해튼
랜드마크 마천루사

맨해튼 마천루사는 크게 7개로 나눌 수 있다. 첫째가 '기능주의 마천루 시대'다. 마천루의 시작은 사실 맨해튼이 아니라 시카고에서 비롯되었다. 1871년 시카고에 일어난 대화재는 도시를 잿더미로 만들었다. 시카고는 절망하지 않고, 희망으로 다시 일어섰다. 이때 시카고의 폭발적인 성장을 담아내기 위해 고안해낸 새로운 건축 형식이 마천루였다. 시카고 사람들은 직선적이다. 돌려 말하지 않고 똑바로 말한다. 지독히 논리적인 이들은 필요를 효율과 기술로 짓는다. 기능과 기술은 곧 아름다움이고, 시카고 마천루의 핵심이다. 시카고 건축가들은 기능주의 마천루 시대를 열었다.

둘째가 '절충주의 마천루 시대'다. 이리 운하와 대륙 횡단 철로로 시카고와 하나가 된 맨해튼은 시카고가 발명한 마천루를 바로 수용했다. 뉴요커들은 시카고 사람들과는 다소 차이가 있었다. 뉴요커들은 논리적인 것보다는 시각적인 것에 치중했다. 마천루의 기능성보다는 마천루의 화려함을 따르면서 마천루는 옷을 입기 시작했다. 이들은 유럽 양식으로 마천루의 옷을 입히기 시작했다. 어떤 건축가들은 고전 양식으로 마천루의 옷을 입혔고(플랫아이언 빌딩), 어떤 건축가들은 고딕 양식으로 마천루의 옷을 입혔다(울워스 빌딩). 고전과 고딕을 오간다는 의미에서 '절충주의' 시대라 불렀다.

셋째가 '아르데코 스타일 마천루 시대'다. 1차 세계대전 승리로 미국은 자신감을 얻었다. 전쟁은 도시를 파괴했고, 숱한 인생을 앗아갔지만 동시에 군이 가진 병참 논리와 효율적 관리는 사회 깊이 침투했다. 절충주의 시대에 맨해튼 건축가들은 마천루의 옷으로 수평성을 강조하는 고전양식보다는 수직성을 강조하는 고딕양식이 부합한다고 느꼈지만, 전쟁을 겪고 나자 과도한 장식은 부질없어 보였다. 고딕양식 선들을 과감하게 정리하며 나타난 양식이 아르데코 스타일 마천루 시대였다. 이 시대는 경제 호황기로 맨해튼 최초의 마천루 붐 시대였다. 오늘날 맨해튼 스카이라인에 내로라하는 크라이슬러 빌딩과 엠파이어스테이트 빌딩이 모두 이 시기에 지어졌다.

넷째가 '인터내셔널 스타일 마천루 시대'다. 1929년 월가의 몰락은 건설 경기의 바닥을 치게 했다. 엎친 데 덮친 격으로 제2차 세계대전까지 일어났다. 하지만 미국은 이 전쟁의 승리로 세계의 패권을 잡을 수 있었다. 승전 자신감은 문화 예술 측면에서도 나타났다. 전쟁에서 돌아온 맨해튼 건축가들은 유럽 사대주의의 고리를 완전히 끊었다. 건축가들은 대기업과 결탁하여 대기업 본사 마천루를 짓기 시작했다. 이들은 마천루의 옷을 돌에서 유리로 바꾸며 새로운 시대를 천명했다. 세계화라는 의미에서 양식 구호는 '인터내셔널 스타일'이었고, 가장 앞서나가는 혁신을 강조하기 위해 시대의 캐치프레이즈는 '유리 박스 모더니즘'이 되었다. 여기서 찬찬히 뜯어 봐야 하는 단어는 '유리'와 '박스'이지만, 여기서는 후자에 치중해서 설명하고자 한다.

맨해튼에 마천루가 지어지며 스카이라인을 갱신하는 일은 신났지만, 마천루가 들어서는 옆의 땅 주인 입장에서는 내 땅에 긴 그림자가 지는 일은 속상하고 짜증나는 일이었다. 이러한 불만은 마천루를 막 짓기 시작한 20세기 초부터 나타났다. 따라서 위층으로 갈수록 건물의 몸통 사이즈를 줄이자는 마천루 법 '조닝법'이 1916년에 제정되었다. 이후 맨해튼 마천루의 꼭대기 부분은 한결같이 웨딩케이크 모양이었다. 따라서 아르데코 스타일 시대의 마천루들은 장식을 간소화한 점도 있지만, 모두 웨딩케이크 머리를 했다. 인터내셔널 스타일 마천루 시대의 대표적인 마천루인 시그램 빌딩은 이에 반발했다. 건축가 미스는 시 당국과 협상을 해서 도시에 기부채납하는 땅의 비율을 높여 맨해튼 스카이라인에 박스형 머리를 되살렸다. 시그램 빌딩을 계기로 맨해튼은 조닝법을 개정하여 마천루에 박스형 머리가 가능하도록 했다.

다섯째가 '후기 모더니즘 마천루 시대'다. 유리 마천루의 시대를 열었던 모더니즘의 거장들이 하나 둘씩 떠나면서 건축가들은 박스형 유리 마천루에 싫증을 느끼기 시작했다. 돌 마천루 시대에 첫 유리 마천루는 참신했지만, 우후죽순으로 들어선 유리 마천루들 틈새에서 또 다시 세워지는 유리 마천루는 거장의 아류였고 식상했다. 새로운 생각도 새로운 기술도 없는 시대였고, 그리하여 새로운 주장이 없는 시대였다. 이들은 마천루 창시자였던 시카고 마천루 건축가 그룹의 논리와 효율, 기술을 부활시키고자 했다. 이념보다는 기술이 중요했고, 교리보다는 효율을 꼼꼼히 따졌다.

여섯째가 '포스트모더니즘 전조 마천루 시대'다. 이 시기를 대표하는 맨해튼 마천루로는 시티 코어 빌딩과 AT&T 빌딩을 들곤 한다. 시티 코어 빌딩의 머리는 다시 삼각형처럼 뾰족해졌고, 구조는 복잡해졌다. 인터내셔널 시대의 박스형 유리 마천루에 대한 반항이었고, 단순한 구조 마천루에 대한 대항이었다. 그런가 하면, AT&T 빌딩은 고전양식 복고풍 마천루였다. 시티 코어 빌딩과 같이 기술 지상주의와 역사(歷史) 복고주의가 오가는 시대였다.

일곱째가 '포스트모더니즘 마천루 시대'다. 1980년대부터 오늘날까지 이르는 시기다. AT&T 빌딩으로 신냉전 시대인 레이건 시대에 우파가 집권하며 보수주의가 팽창하는 듯 했지만, 복고풍 양식은 어쩔 수 없이 유럽 사대주의로의 회귀를 의미했으므로 미국인들이 받아들일 수는 없는 양식이었다.

1990년대 베를린 장벽 붕괴와 소련, 중국의 개방은 미국식 자본주의의 완승이었다. 시장 논리가 전면에 대두됐고, 마천루의 상품화는 촉진됐다. 그즈음 설계 시장에 새로 도입된 디지털 소프트웨어 도구들은 2D에서 3D로, 3D에서 애니메이션으로 급속도로 설계 기술을 바꿔놓았다. 한때 거장들의 전유물이었던 계획 단계에서 빨리 그려나가는 투시도가 이제는 누구나 손쉽게 소유할 수 있는 그림이 되었다.

1990년 후반부터 실험적인 마천루 형식은 건설 붐과 맞물리면서 점입가경의 시대를 열었다. 컴퓨터가 열어주는 새로운 세계와 친환경성을 부르짖으며 마천루의 프런티어를 열어간다. 맨해튼 마천루는 더 이상 '양식'이라는 말이 무의미할 정도로 프로젝트마다 달랐고, 건축가마다 달랐다. 마천루는 직각에서 자유로워졌다. 가히 백가쟁명(百家爭鳴)의 마천루 시대가 열렸다.

이처럼 맨해튼 마천루는 7개의 시대를 거치면 새로운 시대를 열어갔다. 이는 시카고와 보스턴에서도 고스란히 적용이 가능한 마천루 양식사이다. 그중에서도 맨해튼 스카이라인에 지배적인 영향을 끼친 양식은 아르데코 양식과 인터내셔널 양식, 그리고 최근에 한참 지어지고 있는 실험적이고 지속적인 에코 디지털 마천루 양식이다. 물론 맨해튼의 마천루 변천 이야기는 지금도 현재 진행 중이다. 이제 그 자세한 이야기를 본격적으로 시작해보자.

맨해튼 주요 랜드마크 마천루들의 시대별 분류 다이어그램. 맨 윗줄은 초기 마천루 시대로 절충주의 마천루 시대다. 그다음 두 줄은 아르데코 스타일 마천루 시대다. 그다음 줄은 인터내셔널 스타일 마천루 시대이며, 그다음은 포스트모더니즘 시대 마천루 시대다. 마지막은 그라운드 제로에 프리덤 타워가 준공되기 이전의 사진이다.

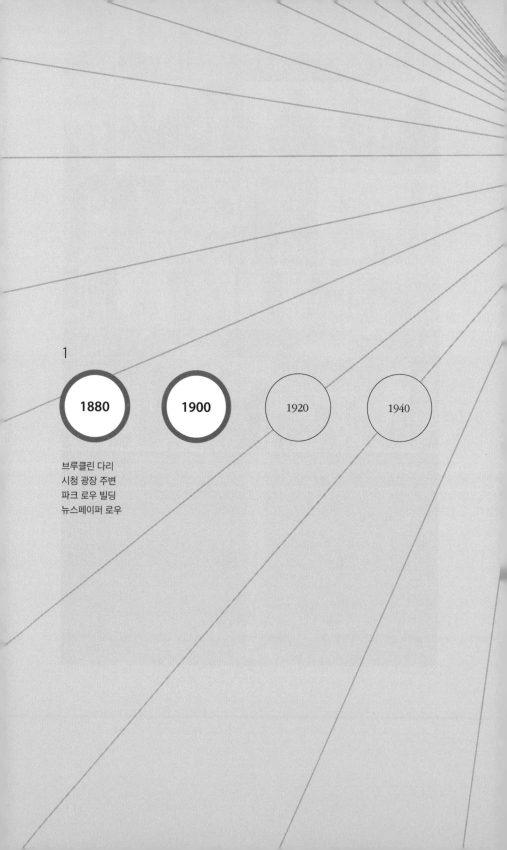

1

1880   1900   1920   1940

브루클린 다리
시청 광장 주변
파크 로우 빌딩
뉴스페이퍼 로우

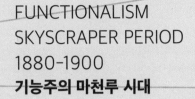

FUNCTIONALISM
SKYSCRAPER PERIOD
1880-1900
기능주의 마천루 시대

○ 1965   ○ 1970   ○ 1975   ○ 1980

마천루 시대를 개막한 시대.
부드러운 연철 기술로
외장을 장식하던 시대.

브루클린
다리

1867
|
1883

높이를 향한 인간의 열망은 선사시대부터 있었지만, 맨해튼의 높이를 향한 열망은 교회 첨탑에서 최초로 나타났다. 뉴암스테르담 시대부터 19세기 뉴욕 시대에 이르기까지 교회 첨탑들은 맨해튼의 하늘을 지배하는 구조물이었다. 교회는 권위의 상징이었고, 따라서 일반 건축물은 교회의 첨탑 높이를 넘을 수 없었다. 그러나 19세기 후반기가 되면서 맨해튼의 세속적인 건축이 교회 건축의 높이를 넘보기 시작했다. 그중 하나가 브루클린 다리였다. 브루클린 다리는 넓은 강을 가로질렀고, 완공 당시에는 맨해튼에서 가장 높은 구조물이었다. 오늘날 이 다리 위에서 바라보는 로어맨해튼의 스카이라인은 장관이다. 브루클린 다리는 도전과 응전의 상징이며, 영광과 광명의 역사이다. 맨해튼 마천루 이야기의 시작을 브루클린 다리에서 하는 이유는 바로 친구 크리스 때문이다.

　나는 크리스를 직장에서 만났다. 그는 키가 크고, 말랐으며, 손가락이 매우 길었다. 예민한 성격의 소유자였던 그는 섬세하게 도면을 그렸다. 크리스는 시러큐스 대학에서 건축 공부를 했다. 시러큐스 건축 대학은 코넬 건축 대학과 거리가 가깝고, 학부 대학 서열에서도 앞뒤를 다툰다는 이유로 묘한 경쟁 관계다. 크리스는 자신은 디자이너라고 주장했지만, 그는 디테일에서 늘 빛났다. 그는 집요했고 그가 그린 도면은 전자 회로같이 복잡했지만, 시공 현장에서 재료들을 조합해 보면 마치 스위스 시계 같았다.

회사 사장 밀토스가 아침에 영감을 받아 두터운 사인펜으로 트레이싱지에 쓱쓱 그린 스케치들을 크리스에게 가져오면, 크리스는 1밀리미터 눈금자로 디테일 도면을 그렸다. 밀토스의 세계는 개념의 세계였고, 크리스의 세계는 정밀의 세계였다.

주로 대학교를 대상으로 건축 설계 서비스를 제공했던 우리 회사는 건축주가 늘 여러 명이었다. 그리고 시공비는 많은 경우 기부금으로 잡혔다. 설계 중에 새롭게 거금을 기부할 기부자가 나타나면, 대학은 그 사람에게 디자인의 방향을 바꿀 수 있는 권한을 준다. 탄력적인 기부자라면 기존의 관점을 존중하지만, 자기주장이 뚜렷한 기부자라면 자기 목소리를 분명히 낸다.

그런 순간이 오면, 우리 회사는 당황한다. 속도감 있는 밀토스의 개념 스케치는 기부자의 요청에 어렵지 않게 대응할 수 있지만, 크리스가 공들여 천천히 그린 수십 장의 상세도들은 하루아침에 모두 무용지물이 된다. 이런 경우, 밀토스는 크리스에게 딱한 사정을 말해주고 며칠 휴가를 다녀오라고 권한다.

크리스는 레드삭스 야구모자를 푹 눌러쓰고, 배낭 하나를 등에 지고 곧바로 회사에서 나갔다. 나갈 때 그의 얼굴을 가로지르던 어둠은 돌아올 때면 사라져 있다. 나는 항상 무엇이 그를 그렇게 바꿔놓는지 궁금했다. 한번은 크리스에게 물었다.

"머리끝까지 화가 날 때마다 도대체 어딜 다녀오는 거야?"
"맨해튼."
"쇼핑 다녀왔구나."
"아니."

"그럼, 박물관?"

"아니."

"그럼, 친구 만났어?"

"아니."

"그럼 맨해튼에는 왜 갔어?"

"브루클린 다리 건너러."

크리스의 말에 따르면, 입사 한 후 이번이 일곱 번째 방문이었다고 한다. 거의 1년에 한 번 꼴이었다. 여러 차례 맨해튼을 방문한 적은 있었지만, 나는 그때까지 브루클린 다리를 한 번도 건너 본 적이 없었다. 보스턴에서 차로 왕복 9시간 걸리는 맨해튼에 가서 다리 하나만 건너고 다시 돌아오는 크리스의 이야기를 들으니, 나는 갑자기 브루클린 다리가 무척 궁금해졌다.

바로 다음 휴가에 난 브루클린 다리를 보러 맨해튼으로 달려갔다. 막연히 '브루클린 다리도 맨해튼에 걸려 있는 수많은 다리 중에 하나겠지'라고 생각했다. 크리스는 내게 다리가 어떻다는 설명 대신 다리를 체험하는 순서만 알려줬다.

먼저 뉴욕 시청 앞에 가서 브루클린 다리로 올라가고, 다리를 넘어가서 강 위에 떠 있는 로어맨해튼 쪽의 즐비한 마천루를 감상하

→브루클린 다리 위. 1800년에 6만 명이었던 맨해튼 인구는 1860~1890년 사이에 139만 명에서 323만 명으로 늘었다. 남북 전쟁 후, 브루클린 지역에 주거 건축이 붐을 이뤘다. 브루클린 다리는 맨해튼과 브루클린 사이에 늘어난 교통 수요를 배에만 의존하기에는 부족해 다리를 지어 연결하자는 요청에서 지어졌다. 480미터에 달하는 긴 다리는 1869년 당시로는 엄청난 도전이었다. ⓒ이중원

고, 해가 뉘엿뉘엿 떨어질 즈음 다리를 통해 다시 맨해튼으로 건너오라고 했다. 브루클린 측 다리 아래에서 파는 피자와 아이스크림을 먹고 건너오는 것도 잊지 않고 알려줬다.

나는 추천 코스대로 다리에 올랐다. 다리는 보행로와 차도로 나뉘어져 있었다. 중앙에 있는 인도는 점차 높아져서 양쪽에 있는 두 차도와 점차 분리됐다. 그럴수록 자동차 소리는 멀어져 갔고, 강바람은 가까워져 갔다.

다리 상판들은 기본적으로 쇠줄들이 붙들고 있었다. 쇠줄들은 돌탑을 향해 올라가다가 돌탑 꼭대기를 찍고 내려왔다. 돌탑이 지렛대가 되어 다리 상판을 양쪽에서 붙들고 있었다. 돌탑 정점에서 쇠줄은 유연한 곡선을 그리며 하강했다. 이렇게 긴 다리를 얇은 쇠줄이 어떻게 붙들고 있는지 신기하기만 했다. 역학 시간에 교실에서 배운 현수교의 수리적 원리보다 브루클린 다리를 걸어서 지나가는 체험이 훨씬 몸에 와 닿았다.

쇠줄의 돛대 역할을 하는 돌탑은 고딕식 탑이었다. 이 탑은 19세기 후반 로어맨해튼의 거대한 석조물이자 마천루였다. 탑에는 두 개의 아치문이 있었다. 쇠줄이 워낙 길어 얇아 보였지만, 쇠줄의 실제 지름은 드럼통만 했다. 직각으로 떨어지는 쇠줄이 있었고, 기울어서 떨어지는 쇠줄이 있었다. 촘촘한 쇠줄들의 집합은 망을 이뤘다. 8개의 쇠망 사이로 차와 사람들이 지나갔다.

물기에 젖은 강바람은 쇠망 사이를 관통했다. 그 위를 걷고 있던 나는 마치 안개 속을 거닐고 있다는 착각과 허공에 매달려 있는 착란이 들었다. 눈앞에 펼쳐지는 초고층 마천루들이 100년간 만들어 놓은 장엄한 스카이라인 역시 이런 초현실적인 착각과 착란을 부추

브루클린 다리는 로블링 집안이 지었다. 아버지 존 로블링(상단 좌측 사진)은 공사 감독 중에 배에 발가락이 으깨지는 사고를 당하고 파상풍에 감염되어 죽었다. 아들 워싱턴 로블링(상단 중앙 사진)은 아버지의 뒤를 이어 일하다 기초 공사 중에 케이슨 병에 걸려 걷지 못하게 되었다. 때는 공사가 시작된 지 얼마 지나지 않은 1870년 1월이었다. 그는 나머지 13년간의 공사 기간 동안 현장에서 멀지 않은 곳에서 창문 너머로 공사를 감독했다. 그의 아내 에밀리 로블링(상단 우측 사진)은 움직이지 못하는 남편의 다리가 되어 주었다.

긴다. 인간은 왜 물로 나뉜 두 땅을 이으려고 하고, 인간은 왜 닿을 수 없는 높은 하늘을 향해 솟으려고 하는가? 소통하고자 하는 욕망과 주장하고자 하는 욕망은 인간의 본 모습인가 보다. 그리하여 맨해튼이 흐름(길)과 솟음(마천루)으로 압축되나 보다.

다분히 공학적인 이유로 뻗어 나온 단수의 쇠줄이 여러 개 모여 복수가 되어 쇠망을 이루고, 또 무슨 사유로 나는 그 그물망에 매달려 마천루들이 펼치는 높이의 신비로움에 사로잡혀야 하는지 의문이 든다. 더 나아가 왜 쇠망 사이에 갇혀 쇠줄 사이로 펼쳐지는 로어 맨해튼의 마천루들을 보며 미학적 찬란함에 흔들려야 하는지 알 수 없었다. 그러나 다리를 건너 시작점에 돌아와서는 한 가지 분명한 사실을 알게 됐다.

그것은 도시는 불가능성에 대한 여러 도전들의 모음이어야 한다는 사실이었다. 그것은 모든 세대가 땀으로 씨앗을 뿌려야 하고, 긴 안목을 가지고 임해야 완성할 수 있는 작업이다.

브루클린 다리는 1883년 5월 24일에 개통했다. 공사는 14년이 걸렸고, 예산은 당초 예산보다 9백만 달러를 초과한 15백만 달러였다. 완공 당시 맨해튼에서 브루클린 다리 돌탑보다 높은 건물이라고는 85미터의 트리니티 교회 첨탑밖에 없었다. 그 외 모든 건물이 돌탑의 절반 높이였다.

브루클린 다리를 완성한 건축가는 로블링 부자와 에밀리였다. 아버지 로블링은 공사 감독 중 사고로 죽었고, 아들 로블링은 케이슨 공법이 야기하는 케이슨 병에 불구가 된 상태에서 부인 에밀리 여사가 남편의 눈과 입이 되어 완성한 다리가 브루클린 다리였다. 브루클린 다리는 이처럼 희생과 헌신의 다리였다.

위 사진은 브루클린 다리의 돌탑과 쇠줄이 만나는 세부 모습이고, 아래 사진은 브루클린 다리 전망대에서 로어맨해튼을 바라본 모습이다. 다리는 2번 있는 돌탑에서 전망대를 만들었다. 돌탑은 19세기 맨해튼 마천루였다. ⓒ이중원

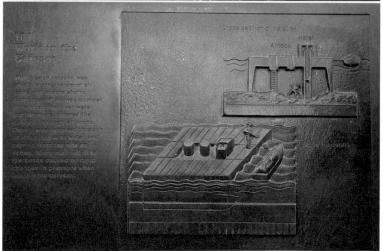

맨 위 사진은 브루클린 다리 위에서 팔고 있는 사진 액자를 찍은 사진이다. 브루클린 다리는 맨해튼과 브루클린을 연결한다. 강폭이 넓어(1734미터) 두 개의 돌탑과 강철선으로 지어진 현수(포물선 모양으로 매달린 철선)교이다. 아래 동판 사진은 다리 기초 공사에서 가장 많은 인명 피해를 입힌 1871년의 케이슨 공법이다. 케이슨 공법은 수중에서 공사를 하기 위해 공기실을 두어 물의 진입을 막았는데, 인부들이 들어가고 나오면서 기압의 차이로 케이슨 병에 걸렸다. 이 병에 걸리면 관절통과 마비가 오고 심한 경우 죽는다고 한다. 브루클린 다리는 20명의 귀한 목숨이 희생되어 완공된 다리다. ⓒ이중원

브루클린 다리 준공식은 맨해튼만의 축제가 아니라 전 미국의 도시 건축적 위업을 예찬하는 자리였다. 개통식이 있던 날 첫 번째 차량에 에밀리가 승차했다. 그녀는 승리를 상징하는 수탉을 무릎 위에 올려놓았다고 한다. 개통일 저녁에는 2시간 동안 폭죽을 터뜨렸다.

브루클린 다리 위에서 바라본 맨해튼은 내가 알고 있던 맨해튼이 아니었다. 맨해튼을 욕망의 도시라고 단정 짓기에는 마천루를 가로지르는 사무실의 불빛들이 너무나 치열했고, 타락의 도시라고 비난하기에는 브루클린 다리를 완성한 로빌링 부자와 에밀리 여사의 숭고함이 너무 높았다. 브루클린 다리 위에서 맞는 허드슨 강바람은 시원했다.

브루클린 다리를 내려오는 순간 나는 몇 시간 안에 인류가 문명이라는 이름 아래 이룩한 위대한 서사시를 한 편 감상하고 온 기분이었다. 그것은 고귀한 휴머니즘을 담고 있는 19세기 마천루 다리였고, 로어맨해튼의 역동적인 스카이라인을 담고 있는 21세기 마천루 다리였다. 나는 크리스가 힘들 때마다 왜 그토록 브루클린 다리를 건너고 싶어 했는지 그제야 이해할 수 있었다. 그는 다리 위에서 시간과 자연을 보고, 이를 바탕으로 일어선 인간의 의지를 보았다.

시청 광장
주변

시청 광장은 하늘에서 보면 북쪽의 사각형 모양 땅과 남쪽의 삼각형 모양 땅이 합해져 만들어진 광장이다. 북쪽 사각형 필지에는 1811년 세운 시청 건물과 트위드 법원이 있다. 남쪽 삼각형 필지에는 시청 공원이 있다.

시청 광장 남쪽은 브로드웨이와 파크 로우(Park Row)가 예각으로 만나며 삼각형을 만든다. 시청 앞 파크 로우는 맨해튼의 역사와 함께 지속적으로 변했다. 대중교통 수단이 변할 때마다 땅의 모습이 변했고 건축이 변했다. 19세기 말에 파크 로우에는 20개가 넘는 신문사 본사들이 있어 시 정부와 법원을 감시하고 결정사항들은 신속하게 보도했다.

시청 건물과 광장도 역사적이지만, 이 주변에 20세기 초 지어진 마천루들도 초기 마천루 형식을 역사적으로 잘 보여준다. 파크 로우에는 현존하는 30층 이상의 맨해튼 초기 마천루 중에서 가장 오래된 파크 로우 빌딩(1899년)이 여전히 건재하고, 브로드웨이에는 50층이 넘는 맨해튼의 랜드마크 마천루 울워스 빌딩(1913)이 있다.

울워스 빌딩은 건축가 캐스 길버트(Cass Gilbert)가 디자인했는데, 그는 볼링 그린 공원 끝단의 박물관(전 관세청)을 디자인한 걸로 유명하다. 로어맨해튼은 월스트리트라는 동서 축과 브로드웨이라는 남북 축으로 지역의 정체성이 확립된다. 남북 축은 남쪽의 볼링 그린 광장에서 시작하여 북쪽의 시청 광장에서 끝난다. 로어맨해튼 남북

위 사진은 시청 공원이다. 앞에 있는 건물이 시청이고, 뒤에 있는 건물이 트위드 법원이다. 시청 공원의 왼쪽 도로가 브로드웨이고, 오른쪽 도로가 파크 로우다. 시청 오른쪽으로 40층으로 높게 솟은 건물이 찰스 맥킴이 디자인한 시청 마천루이다. 아래 사진은 시청 공원 중앙 바닥으로, 광장의 변화 과정을 알려준다. ⓒ이중원

축의 시작점인 볼링 그린 광장의 박물관과 끝점인 시청 광장의 울워스 빌딩이 모두 한 건축가의 작품인 셈이다.

시청 광장 주변에서 최근 가장 눈에 띄는 건물은 나중에 소개할 건축가 프랭크 게리가 설계한 파도치는 은빛 마천루인 8 스프루스 스트리트 빌딩이다. 실험적인 외장으로 시청 광장 주변의 스카이라인을 새롭게 한다. 브루클린 다리 위에서 20세기 울워스 빌딩과 21세기 8 스프루스 스트리트 빌딩은 서로 다른 시대의 생각을 대변한다. 이 마천루 옆에는 맨해튼의 명물 브루클린 다리가 있다.

시청 광장 북동쪽 끝점에는 건축가 찰스 맥킴이 디자인한 40층 건물인 시청 마천루(180미터)가 있다. 1914년에 완공된 이 건물은 맨해튼의 세력을 전 세계에 자랑했고, 건물 아래로 지하철까지 포함한 최초의 마천루였다.

시청 공원에는 나무, 분수, 벤치가 있다. 시청 공원 중앙 바닥에는 시청 광장의 진화 과정이 지도로 음각돼 있다. 피자처럼 원형의 바닥을 9조각으로 나누어 시청 광장의 물리적인 변화를 그렸고, 그 아래에는 설명문을 곁들였다. 지도를 통해 이 지역의 시간 여행을 쉽게 떠날 수 있다.

파크 로우
빌딩

1899

텔레비전과 라디오가 나오기 전에 신문은 뉴스를 전하는 독보적이고 사업성 뛰어난 매체였다. 따라서 19세기 후반 도시의 중심인 시청과 법원 앞에 주요 신문사들이 몰린 것은 너무나 당연했다. 뉴욕타임스가 1903년 타임스 스퀘어에 새로운 본사를 짓고 이사를 가면서 시청 앞 파크 로우는 '신문의 길'이란 명성이 점차 쇠락했다. 현재 파크 로우에 남아 있는 신문사 건물은 구 뉴욕타임스 빌딩과 포터 빌딩뿐이다. 최근 복원 작업을 마친 포터 빌딩은 붉은 벽돌의 공예미로 여전히 존재감을 과시하고 있다.

파크 로우에는 이곳을 대표하는 마천루가 하나 있다. 바로 파크 로우 빌딩이다. 브로드웨이는 시청 공원과 만나면서 두 갈래로 나뉘는데, 그 접점에 파크 로우 빌딩이 들어섰다. 빌딩은 120미터까지 솟았고, 층수는 30층이었다. 1908년 인근에 47층의 싱어(재봉틀 회사) 빌딩이 준공되기 전까지 세계에서 가장 높은 건물로 이름을 날렸다.

20세기 초 맨해튼 마천루 시장은 영국 빅토리안 시대의 관점과 양식을 수용했다. 영국에서 시작한 빅토리안 양식은 고딕 정신을 이어 높이와 투명함을 추구했다. 빅토리안 관점은 미래를 지향하는 기술과 로맨틱한 수사학으로 일어섰다.

이에 반해 파크 로우 빌딩은 빅토리안 양식의 높이는 추구했지만, 외장은 고딕 양식 대신 고전주의 양식으로 꾸몄다. 그로 인해 건물 중간 중간에 수평성이 강조된 장식적인 띠가 치솟으려는 마천루의 수직성을 저지했다. 건물 중간에 간섭하는 발코니 역시 마찬가지였다.

지금의 관점에서 보면 30층은 평범한 높이지만, 1899년 당시 건축기술로는 30층은 도달하기 힘든 기술적 도전이었다. 그렇지만, 한 번 마천루 맛을 보니, 이는 좀처럼 잊을 수 없었다. 1890년까지 맨해튼에서 10층이 넘는 건물은 총 6개였으나, 1908년 그 수가 538개까지 폭발적으로 증가했다. 이 시기는 인류사에서 마천루라는 개념을 정립하고 생산하고 전파하는 역동적인 시기였다. 시청 앞 세 모퉁이에만 당시를 대표했던 랜드마크 마천루가 3개였다. 파크 로우 빌딩, 싱어 빌딩, 울워스 빌딩이 바로 그 3인방이다.

파크 로우 빌딩을 디자인한 건축가 로버트 로버트슨(Robert Henderson Robertson)은 1900년도에 마천루 미학을 새롭게 정의하고자 했다. 그는 마천루는 고딕 양식이 아닌 고전 양식의 외투를 입어야 한다고 주장했고, 높이는 45미터를 넘어서는 안 된다고 했다. 로버트슨의 제안은 수평 도시를 지향하는 유럽 도시의 기준을 차용한 것이지만, 맨해튼의 폭발적인 성장은 이미 유럽 도시의 기준을 뛰어넘고 있었다. 즉 맨해튼은 앞으로 도래할 미래 도시를 예견하고 있었던 셈이다.

파크 로우 빌딩은 1899년에 세워졌다. 오늘날에도
서 있는 이 마천루는 돋보이는 인물 조각상과 로비
의 아름다움으로 유명하며 1999년에는 문화재로
지정됐다.(아래 사진 ⓒ이중원)

뉴스페이퍼
로우

인터넷과 텔레비전과 라디오가 나오기 전에 사람들은 신문에서 대중문화를 접했다. 영화가 나오기 전에 사람들은 신문에서 재미를 찾았다.

시청 광장 입구는 브로드웨이, 파크 로우와 면한다. 파크 로우의 '로우'는 길이란 의미이고, 시청 공원 옆에 있기 때문에 파크 로우라는 이름을 얻었다. 시청 옆 파크 로우는 1890년부터 시청보다 높은 신문사들이 속속 들어서면서 '신문의 거리, 즉 뉴스페이퍼 로우(Newspaper Row)'라는 별명이 붙었다.

19세기 말 미국에서 신문이 대중화하면서 옥스 슐츠버그(《뉴욕타임스》 사주), 조셉 퓰리처(《뉴욕월드》 사장), 윌리엄 허스트(《뉴욕저널》 사주)는 신문왕 3인방으로 부상했다. 맨해튼은 교통과 출판업 발전에 힘입어 전 세계에 신문을 실어 나르며 세계 정보와 여론의 중심지가 되었다.

도시화가 급속도로 이뤄지고 있는 맨해튼에서 신문 사업은 돈이 되는 비즈니스였다. 파크 로우가 신문의 거리로 번성한 이유는 무엇

→ 상부 사진에서 왼쪽이 시청 광장이다. 시청 광장에서 왼쪽으로 가장 가깝게 있는 돔 건물이 뉴욕월드 빌딩, 그 옆에 낮은 건물이 썬 빌딩, 그 옆이 뉴욕 트리뷴 빌딩, 길 건너 있는 건물이 구 뉴욕타임스 빌딩, 그 옆이 포터 빌딩이다. 이들은 맨해튼 초기 마천루로서 엘리베이터를 사용했다. 아래 사진은 오늘날 남아 있는 구 뉴욕타임스 빌딩과 포터 빌딩의 모습이다. 오늘날 두 건물은 페이스대학 소유가 되었다.(아래 사진 ⓒ이중원)

보다 입지 때문이었다. 신문을 생산하여 배포하기에 딱 좋은 자리였다. 기자들은 시청과 법원의 따끈따끈한 소식을 기사화했고, 신문들은 시청 앞 중앙 우체국을 통해 전국으로 배달됐다.

옆 사진에서 가장 왼쪽 상단에 돔이 있는 건물이《뉴욕월드》본사 빌딩이다. 그 옆 5층짜리 작은 건물이《뉴욕선》건물이고, 그 옆 건물이《뉴욕 트리뷴》본사 건물이다. 이 건물에는 윌리엄 헐스트의 다른 저널들도 들어와 있었다. 길 건너편에는《뉴욕 트리뷴》의 경쟁사인《뉴욕타임스》가 있었다. 이 옆은 공화당 신문인《더프레스》를 발행하던 포터 빌딩이다.

사진에서 가장 높은 뉴욕타임스 건물은 뉴욕 트리뷴 건물보다 높게 지으려는 의도의 결과였다. 두 신문사의 경쟁 관계는 새로 짓는 본사 건물 높이에도 반영됐다. 사진에 보이는 두 회사의 본사 건물이 있기 전부터 뉴욕 트리뷴과 뉴욕타임스는 본사 빌딩을 놓고 경쟁하고 있었다. 트리뷴이 타임스의 본사 건물을 능가하고 싶은 마음에 1870년대 사진에 보이는 건물을 새로 지었고, 이에 질세라 1889년 뉴욕타임스도 원래 건물을 헐고 사진에 보이는 13층짜리 건물을 지었다.

건축가로 월스트리트 뉴욕 증권거래소를 디자인한 조지 포스트를 고용했다. 타임스는 이곳에서 1903년까지 있다가 미드 맨해튼 타임스 스퀘어의 '타임스 빌딩'으로 이사했고, 오늘날에는 렌조 피아노가 디자인한 새로 지은 미드 맨해튼 타임스 마천루가 있다.

맨해튼을 대표하는 X자형 광장인 타임스 스퀘어와 헤럴드 스퀘어는 모두 신문사 본사 건물과 무관하지 않다. 타임스 스퀘어가 '타임스'의 이름을 가지게 된 데는 뉴욕타임스 건물이 42번 스트리트에

세워졌기 때문이고, 헤럴드 스퀘어가 '헤럴드'의 이름을 가지게 된
데는 뉴욕 헤럴드 건물이 34번 스트리트에 세워졌기 때문이다.

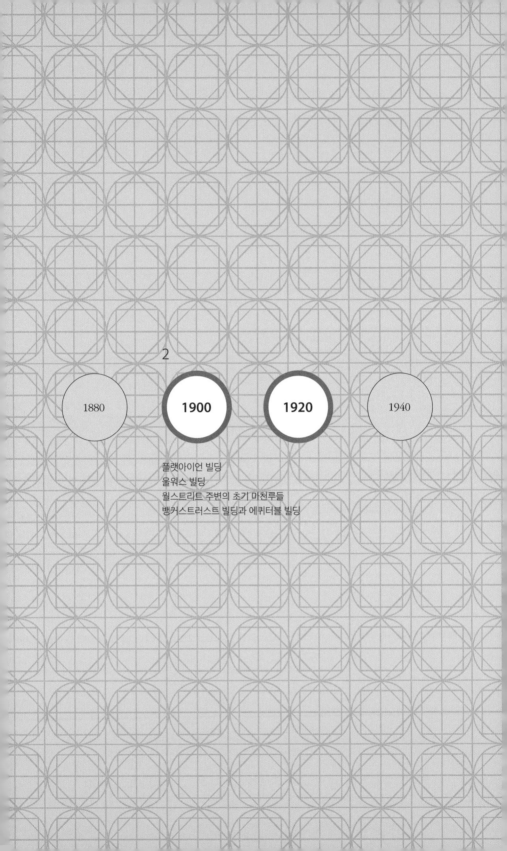

2

1880

1900

1920

1940

플랫아이언 빌딩
울워스 빌딩
월스트리트 주변의 초기 마천루들
뱅커스트러스트 빌딩과 에퀴터블 빌딩

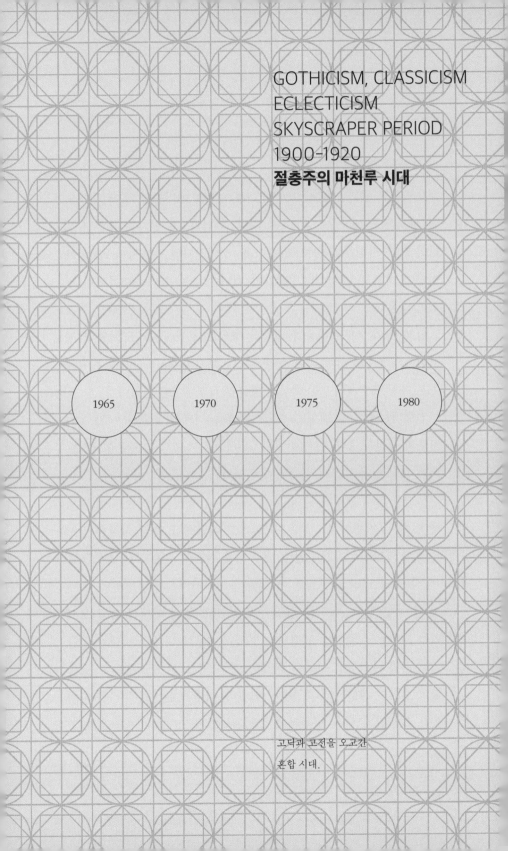

GOTHICISM, CLASSICISM
ECLECTICISM
SKYSCRAPER PERIOD
1900-1920
절충주의 마천루 시대

1965 1970 1975 1980

고딕과 고전을 오고간
혼합 시대.

플랫아이언
빌딩

1903

센트럴파크 남단(59번 스트리트)에서부터 5번 애비뉴를 걸어 내려오면, 맨해튼을 대표하는 마천루 3동을 만난다. 첫 번째는 록펠러 센터의 30록 마천루가 나오고, 그다음 더 내려가면 엠파이어스테이트 빌딩이 나오고, 조금 더 내려가면 매디슨 스퀘어의 플랫아이언 빌딩이 나온다.

남북 축의 5번 애비뉴가 대각선 축의 브로드웨이와 교차하며 생성된 X자형 광장이 매디슨 스퀘어이고, 여기 남쪽 끝 삼각형 필지에 솟은 마천루가 매디슨 스퀘어의 명물인 플랫아이언 빌딩이다.

건축가는 다니엘 번햄(Daniel H. Burnham)이었다. 번햄은 시카고 마천루의 창시자 중에 한 명이었고, 1893년 시카고 엑스포를 성공적으로 이끌어 전국구 스타 건축가가 되었다.

하지만 당대 명성과 달리, 당시 맨해튼 건축계는 플랫아이언 빌딩을 빗대어 '번햄의 어리석은 짓'이라고 비난했다. 특히 삼각형 필지에 세워진 마천루이기 때문에 내부 가용 면적이 좁은 점을 비꼬았다.

전문가와 달리 시민들은 이 건물이 지어지자마자 열광했다. 지어질 당시 맨해튼에서 가장 높은 마천루였고, 뿐만 아니라 북측 모서리는 2미터도 되지 않을 정도로 얇았다. 마천루의 위태위태한 얇음이 오히려 사람들의 이목을 끌었다. 전문가들은 비꼬았지만 그 뾰족함이 오히려 시민들의 자긍심이 되었다. 가장 높은 마천루라는 타이틀은 일찌감치 다른 마천루에게 넘겨주었지만, 플랫아이언 빌딩의 세계적인 랜드마크 마천루로서의 관심은 번햄의 어리석은 짓 덕분이었다.

플랫아이언 빌딩을 가장 극적으로 체험하고 싶다면 아침 해가 건물의 동쪽 측면을 밝히는 오전 10시가 가장 좋다. 안 그래도 삼각형 모양이 주변 사각형 모양에 비해 플랫아이언 빌딩을 도드라지게 하는데, 아침에는 태양의 명암 대비가 마천루를 더욱 뾰족하게 보이게 한다. 심한 경우에는 마천루가 얇아 보이다 못해 마치 종잇장처럼 보인다.

플랫아이언의 서쪽 면은 5번 애비뉴가 절단하는 면이고, 동쪽 면은 브로드웨이가 절단하는 면이다. 마치 케이크 조각처럼 마천루가 서 있다. 플랫아이언은 하나의 마천루이면서 동시에 맨해튼의 X자형 광장 체계를 설명해주는 물리적 표식이기도 하다.

맨해튼 마천루사에서 플랫아이언 빌딩이 차지하는 위치는 대단하다. 플랫아이언 빌딩은 맨해튼 마천루 100년사에서 현존하는 랜드마크 마천루로는 가장 먼저 지어졌고, 또 이를 지은 건축가가 마천루 창시자 중에 한 사람인 시카고 건축가 다니엘 번햄인 점 또한 권위를 더한다. 플랫아이언 빌딩은 대중의 사랑을 한 몸에 받아 마천루가 도시 안에서 스타가 될 수 있다는 사실을 처음으로 보여준 사례였다.

플랫아이언 빌딩 측면은 바람이 부는 바다같이 표면이 파도친다. 앞에서 보면 예리해 보이는 마천루가 측면으로 가면 부드러워진다. 돌과 돌 사이의 줄눈은 깊게 했고, 돌의 표면은 망치와 정으로 깼다. 돌은 무거웠고, 거칠었다. 돌의 육중함이 물결치는 표면 처리로 가벼워진다. 돌의 투박함이 망치와 정이 지나간 흔적으로 부드러워진다.

돌이 치마처럼 가볍고 부드러워질 수 있는 사실이 맨해튼 첫 랜드마크 마천루가 도시에 준 놀라움이었다.

플랫아이언 빌딩의 머리는 근사한 모자를 쓰고 있다. 모자의 테두리가 깊고 화려하다. 마천루의 머리가 시작하는 부분은 벽면이 기둥면으로 바뀌는 자리이다. 모자가 시작하는 자리는 기둥 위에 있는 화려한 주두 장식이 시작하는 자리이다. 절제미를 추구하는 사람들에게는 다소 과한 장식으로 눈살을 찌푸리게 할 수 있지만, 잊혀진 망치와 정을 그리워하는 이들에게는 돌의 공예적인 미가 장식이 아닌 장인정신으로 보인다.

→ 엠파이어스테이트 빌딩을 나와 5번 애비뉴를 따라 걸어가면, 브로드웨이와 교차하는 지점에 삼각형 건물이 서 있다. 아침에는 건물의 동쪽(사진에서는 건물의 좌측)이 빛을 받아 밝고, 서쪽이 어둡다. 양달과 응달의 대비로 건물은 더 날렵해 보인다. 주말에는 브로드웨이 측의 도로를 막아 사람들이 X자형 광장을 즐길 수 있게 해 주었다. ⓒ이중원

플랫아이언 빌딩은 거리와 만나는 부분에서 거칠다. 벽 표면을 손으로 만지고 싶은 대상이 되게 한다. 거친 라임스톤면이 초록빛이 도는 동판과 반들반들한 유리와 교차한다. 거침에서 반들반들함으

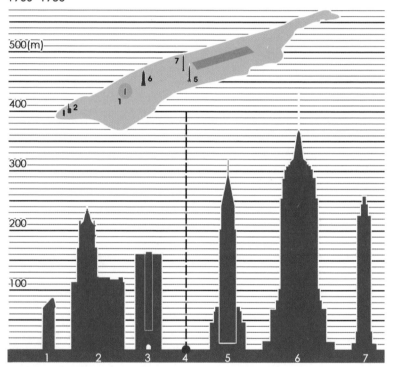

1900~1950

1. 플랫아이언 빌딩(1903)   2. 울워스 빌딩(1913)   3. 에퀴터블 빌딩(1916)
4. 시카고 트리뷴 마천루 콩페(1922~25)   5. 크라이슬러 빌딩(1930)
6. 엠파이어 스테이트 빌딩(1930)   7. 록펠러 센터(1940)

본격적인 유리 마천루가 들어서기 전에 세워진 맨해튼 마천루들 중에서 랜드마크가 된 마천루들을 시기와 지역, 높이와 형태를 비교한 다이어그램이다. 이 중 4번 시카고 트리뷴 마천루는 맨해튼에 지어지지는 않았지만, 맨해튼 마천루사에 지대한 영향을 끼쳤다. 트리뷴 마천루 공모전으로 건축가 레이먼드 후드가 맨해튼에서 부상했고, 그는 맨해튼에 아르데코 양식 마천루를 소개했다.

로 변하는 자리는 라임스톤에서 테라코타로 변하는 자리다.

맨해튼 마천루사에서 플랫아이언 빌딩은 울워스 빌딩과 더불어 초창기 맨해튼 랜드마크 마천루로 남아 있다. 맨해튼의 또 다른 이름이 마천루 도시이지만, 그렇다고 모든 마천루들이 랜드마크가 될 수 있었던 것은 아니다. 뉴요커들의 사랑을 듬뿍 받고 있는 현존하는 랜드마크 마천루들은 주로 20세기 전반부에 집중되어 있다. 맨해튼 랜드마크 마천루 5인방은 아래와 같다.

첫째, 1903년 매디슨 스퀘어에 세워진 삼각형 마천루 플랫아이언 빌딩, 둘째 1913년 로어맨해튼 시청 광장 앞에 세워져 '상업의 대성당'이라 불린 울워스 빌딩이다. 플랫아이언은 고전주의 양식이고, 울워스는 고딕 양식이다. 나머지 3개의 마천루들은 모두 아르데코 양식이다.

셋째 크라이슬러 빌딩이다. 크라이슬러 빌딩은 내가 맨해튼에서 가장 좋아하는 마천루이자 미국 건축가협회 투표에서 당당히 1등을 한 마천루이다. 넷째 록펠러 센터의 30록 마천루이다. 크라이슬러 빌딩이 은빛 첨탑으로 유명하다면, 30록은 투명한 전망대로 유명하다. 뿐만 아니라, 30록은 높이 못지 않게 거리를 살렸다고 칭송받는 마천루이다. 스카이라인도 잘 정의했고, 광장과의 관계도 훌륭하다.

마지막으로 다섯째는 인류에게 최초로 100층 높이의 마천루를 선보인 엠파이어스테이트 빌딩이다. 다른 마천루들이 거리 단위에서 자신의 위용을 드러낸다면, 엠파이어스테이트 빌딩은 도시 단위에서 자신의 위용을 드러낸다. 엠파이어스테이트 빌딩은 초고층 마천루 끝점이면서 동시에 시작점이었다. 1920~30년대 마천루 붐의 종지부를 찍었으면서, 동시에 앞으로 세워질 맨해튼의 슈퍼 톨(Super

Tall) 마천루 경쟁의 시발점이었다.

　플랫아이언 빌딩은 20세기 전반기 마천루 시장에 훌륭한 첫발을 내딛어 주었다. 위를 향한 집념, 거리와 광장을 살리는 마천루, 우아한 스카이라인과 긴장감 흐르는 형태는 앞으로 맨해튼에 세워질 마천루의 이정표가 되었다.

위대한 마천루는 자리가 좋고, 원경이 좋고, 근경 역시 좋다. 플랫아이언 빌딩은 X자형 삼각형 필지에 있어서 자리가 좋고, 꼭지점이 날렵하여 원경이 좋고, 외장이 파도치고 있어 근경도 좋다. ⓒ이중원

울워스
빌딩

1913년 시청 광장 바로 옆 필지에 울워스 빌딩이 하늘을 향해 솟았다. 하얀 돌들이 고딕 정신을 간직한 채 마치 중력을 거부하듯 하늘로 뻗었다. 작은 소품을 팔아 세계적인 거부가 된 프랭크 울워스(Frank Woolworth)의 사업 전략은 물건을 싸게 많이 파는 박리다매(薄利多賣)였다. 1910년 그는 작은 골목가게에서 시작해 세계적인 기업을 일궜다. 사람들은 그를 '5~10센트 킹'이라 불렀다.

울워스는 건축가 캐스 길버트를 고용했다. 울워스가 길버트를 찾아갔을 때는 맨해튼에서 큰 기업으로 성장한 회사들이 앞다투어 초기 마천루를 짓고자 하던 시기였다. 사업가들의 세속적인 마천루 높이가 교회 첨탑을 넘어서고 있었다.

마천루의 힘은 실용성도 있었지만, 무엇보다 상징성이 컸다. 고층건물로 발생하는 광고 효과는 엄청났다. 맨해튼의 이런 가능성을 가장 먼저 간파한 사람이 프랭크 울워스였다. 맨해튼에서 '가장 높은 건물'이란 타이틀을 얻는다면, 기업 브랜드 이미지가 급증하는 것은 시간 문제였다. 길버트와 울워스는 50층이라는 당시(대부분의 건물이 10층 미만인 시절)로는 상상하기 힘든 높이에 도전했다.

MIT에서 건축을 공부한 길버트는 이미 역량 있는 건축가로 맨해튼에서 명성을 얻고 있었다. 울워스는 길버트에게 런던의 국회의사당 빅 벤(Big Ben)처럼 아름다우면서, 사람들의 입에서 계속 회자될 세기의 마천루 건축을 요청했다. 울워스는 바로 옆에 있던 싱거 빌딩 마천

1913년에 완공된 울워스 빌딩은 57층(238미터)이었다. 1930년 크라이슬러 빌딩이 들어
서기 전까지 울워스 빌딩은 16년간 세계에서 가장 높은 건물이었다. 건축주 울워스는 마
천루가 높을수록 사람들의 마음을 사로잡고, 기업 브랜드가 올라간다는 점을 누구보다
잘 알았다. ⓒ이중원

루보다 높이나 아름다움에서 자기 마천루가 월등하길 원했다.

런던의 빅 벤은 고딕 양식으로 네모난 기단부와 거대한 타워를 가지고 있다. 길버트는 울워스 빌딩을 베이스와 타워로 나누었다. 건축주 요청에 따라 길버트는 하얀 고딕 타워를 맨해튼 남부에 세웠다.

길버트는 고딕 양식 중에서도 15세기 프랑스의 고딕 양식을 울워스 빌딩에 사용했다. 거리에서 보면 3층 높이의 베이스 위로 52층 높이의 흰색 테라코타 타워가 수직성을 강조하며 치솟는다. 1914년 울워스 빌딩의 높이는 57층까지 치솟았다. 57층은 당시 기적에 가까운 높이였다. 길버트는 뉴요커들에게 마치 20년 전 시카고 건축가 루이스 설리반이 시민들에게 외쳤던 것처럼 소리 높여 말했다. "마천루는 높으면 높을수록 돌이라는 덩어리로부터 벗어나 영적인 세계를 열어준다."

길버트는 네덜란드에서 본 중세시대의 낭만적인 탑을 떠올렸다. 그는 천상에 닿고자 하는 인간의 열망을 치솟는 뾰족한 첨탑으로 완벽하게 그려낸 중세 건축물에서 마천루의 영감을 받았다. 길버트는 당시에는 알지 못했다. 자신이 지은 마천루가 도시의 수직화와 세속화의 첫걸음임을 말이다.

길버트는 수직선을 강조했다. 마천루가 하늘을 향하도록 한 조치였고, 동시에 베이스와 타워를 하나로 묶어주는 장치였다. 길버트는 고딕의 후예답게 땅이 아니라 하늘을 지향했다. 또한 과거가 아니라 미래를 지향했다.

수직성이 강조된 울워스의 외장 양식과 우아한 뾰족 모자를 쓴 첨탑은 낮에는 공예 조각으로 하늘을 수놓았고, 밤에는 돌의 양각과 음각 사이로 퍼져 나오는 조명으로 하늘을 빛냈다. 흐린 날에는 구름을 뚫고 올라가 거리에서는 끝이 보이지 않는 모습으로 시민들의 상상력을 부추겼다. 문학이 했던 일을 건축이 마천루를 통해 해내자, 훨씬 직접적인 반응이 나타났다. 울워스 빌딩은 마천루가 도시에 상상력의 기폭제가 될 수 있다는 사실을 알려준 큰 사건이었다.

시민들에게는 거리에서 목이 빠져라 건물의 첨탑을 쳐다보는 것

울워스 빌딩의 첨탑은 크라이슬러 빌딩과 함께 맨해튼 스카이라인에서 매우 중요하다. 울워스 빌딩의 첨탑은 고딕 양식이고, 크라이슬러 빌딩의 첨탑은 아르데코 스타일이다. 울워스 빌딩 첨탑은 맨해튼의 고딕 마천루 중 최고로 꼽히고, 크라이슬러 첨탑은 맨해튼 아르데코 마천루 중 최고로 꼽힌다. 아래 사진은 울워스 빌딩의 로비 사진인데, 일종의 내부 광장이었다. 2개 층 상점 아케이드에서 사람들은 쇼핑을 하고, 식사를 하거나 회의를 했다.

도 뜻밖의 사건이었지만, 더 큰 충격은 첨탑 전망대에서 구름바다를 바라보는 일이었다. 맑은 날에 독수리와 같이 높은 창공에서 자신들이 만들어 놓은 위대한 도시를 내려다보는 체험은 새롭고도 신기했다. 울워스 기업은 백색 마천루의 인기로 기업 브랜드 가치를 몇 배 올렸다.

이후 맨해튼 사업가들은 하나같이 울워스 빌딩을 능가하는 마천루를 원했고, 시민들 역시 울워스 빌딩을 넘어서는 새로운 마천루가 세워지길 원했다. 울워스 빌딩은 맨해튼 마천루 경쟁에 새로운 불씨를 제공한 셈이다. 마천루는 번영을 반영한 상징이었고, 긍지를 담은 기호였다. 사람들이 마천루를 사랑하고 열망하자, 맨해튼은 시의 정체성을 마천루 도시로 열어가고자 했다.

울워스 빌딩 로비로 들어가면, 21세기 건물에서는 좀처럼 만나기 힘든 방이 나온다. 울워스 빌딩을 유명하게 만든 것은 높이이지만, 이 방의 천장 모자이크와 천창의 빛 또한 높이 못지않다. 금빛 도는 모자이크 위로 흐르는 빛은 인간이 돌로 이룩할 수 있는 공예의 경지가 어느 정도인지 보여준다. 방의 한쪽 구석에는 건축주 프랭크 울워스와 건축가 캐스 길버트의 두상이 있다.

월스트리트 주변의
초기 마천루들

로어맨해튼의 시작은 브로드웨이의 남쪽 끝점인 볼링 그린에서 시작하여 북으로 올라온다. 트리니티 교회에서 우회전을 하면 월스트리트가 나오는데, 월스트리트 입구에 트리니티 교회가 있다.

　로어맨해튼의 옛 사진들을 들춰 보면, 브로드웨이와 교차하는 월스트리트에 초기 맨해튼의 마천루 역사를 생각해 볼 수 있다.

　브로드웨이에서 월스트리트로 들어가기 전에 꼭 봐야 하는 건물이 세 개 있다. 바로 트리니티 교회, 에퀴터블 빌딩, 월스트리트 1번지 마천루이다. 그 중 트리니티 교회는 맨해튼의 세속적인 마천루가 들어서기 전에 가장 높은 구조물이었다. 오늘날에 트리니티 교회는 주변의 높다란 마천루들로 인해 미니어처로 보인다.

　1915년에 세워진 에퀴터블 빌딩은 맨해튼의 마천루 모양을 웨딩 케이크 모양으로 바꾸게 한 장본인으로 유명하다. 1932년에 세워진 월스트리트 1번지 마천루는 '1번지'라는 상징적인 자리 때문에 유명하고, 부드러운 커튼처럼 파도치는 라임스톤 외장으로도 유명하다.

　월스트리트로 들어가 첫 번째로 만나는 교차로에 브로드스트리트가 있다. 월스트리트와 브로드스트리트가 교차하는 지점이 로어맨

→ 상부 사진 전면에 보이는 탑이 트리니티 교회 첨탑이다. 우측이 월스트리트 1번지 빌딩이고, 전면에 삼각형 피라미드 머리를 하고 있는 건물이 뱅커스트러스트 빌딩이다. 왼쪽에 두 동으로 나뉜 건물이 조닝법을 만들게 한 에퀴터블 빌딩이다. 아래 사진에서 푸르게 칠한 부분이 증권거래소이고, 워싱턴 동상이 있는 건물이 연방 홀이다.

해튼에서 역사적으로 가장 중요한 사거리 모퉁이다. 월스트리트에서 가장 뜨거운 자리인 이 교차로에는 월스트리트의 상징인 뉴욕 증권거래소, 독립 전쟁 당시 중요하게 사용된 연방 홀, 구 제이피 모건 본사, 그리고 뱅커스트러스트 빌딩이 각 코너 필지를 점유하고 있다.

증권거래소를 디자인한 건축가 조지 포스트는 맨해튼에 엘리베이터를 사용하여 10층이 넘는 마천루를 최초로 지은 건축가이다. 그는 월스트리트 1번지 마천루를 지은 건축가 랠프 워커와 마찬가지로 새로운 기술과 혁신을 건축에 적극적으로 도입하고자 했다. 뱅커스트러스트 건물은 1912년에 완공됐고, 준공 당시 세계에서 가장 높은 마천루였다. 31층에 제이피 모건의 아파트가 있었다.

뱅커스트러스트 빌딩과
에퀴터블 빌딩

뱅커스트러스트 빌딩과 매디슨 스퀘어에 있는 메트라이프 타워는 피라미드형 꼭대기로 유명하다. 20세기 초에 마천루라는 건물 형식을 최초로 발명할 때 건축가들은 건물 꼭대기를 어떻게 마감해야 할지 고민했다. 이들은 중세 도시 종교 건축 타워를 모티브로 삼았다.

두 마천루가 빌려온 첨탑 모티브는 이탈리아 베네치아 성 마르코 광장에 있는 종탑이었다. 베네치아 상인들이 무역업과 은행업으로 부를 축적한 점이 맨해튼과 닮았고, 피라미드가 상징하는 '계약의 신뢰' 또한 끌렸기 때문이다. 미화 1달러 지폐 뒷면에 피라미드 문양이 있는데, 미국인들에게 피라미드는 이집트와 달리 하늘의 트리니티(삼위일체)가 인간을 바라보고 있으니 동료를 속이지 말라(In God We Trust)는 의미가 있다.

맨해튼 초기 마천루 형태는 박스였고, 외피는 고전과 고딕 외장을 번갈아 입혔다. 어떤 때는 아주 이국적인 페르시아 외장을 입기도 했다. 이 시기를 가리켜 여러 가지 양식을 혼용했다는 의미로 '절충주의'라 불렀고, 이는 맨해튼 마천루사의 제2기이기도 했다. 제2기가 제3기로 변하면서 두 개의 중요한 사건이 있었다. 하나는 1916년 조닝법 제정이었고, 다른 하나는 아르데코 스타일의 도래였다.

조닝법은 쉽게 설명하면 내 땅에 짓는 마천루가 남의 땅에 그림자를 너무 많이 만들지 않도록 건물의 외관 형태를 위로 갈수록 좁게 하자는 법으로, 오늘날로 표현하자면 '일조권 사선제한'이다. 박스 형태의 맨해튼 초기 마천루를 웨딩케이크 모양 같은 마천루 형태로 바꾼 조닝법은 로어맨해튼의 에퀴터블 빌딩에서 비롯했다. 1915년 이 건물은 필지에 너무 꽉 채워 높게 짓는 바람에 인접 대지에 그림자만 가득 찼다. 에퀴터블 빌딩의 욕심에 대한 여론의 비판이 쇄도했다. 따라서 마천루 형태를 법으로 정해야 한다는 주장이 힘을 받았다. 그렇게 해서 입법이 된 것이 1916년 조닝법이었다. 이후로 맨해튼에 세워지는 마천루들은 위로 갈수록 덩어리가 작아지는 모양을 하게 됐다.

브로드웨이가 월스트리트와 교차하는 코너는 마천루의 효시인 트리니티 교회의 첨탑이 있고, 저 너머에 뱅커스트러스트 마천루의 피라미드의 첨탑이 있고, 바로 앞에 무지막지한 에퀴터블 빌딩이 있다. 마천루들은 저마다 다른 이야기를 간직하지만, 이들의 물리적 실체로서의 존재감은 맨해튼의 길을 풍성하게 한다.

왼쪽 사진은 건축가 리차드 업존(Richard Upjohn)이 설계한 트리니티 교회이다. 업존은 캐비닛 목수였다가 건축가가 되었다. 그는 영국의 건축 이론가 퓨진(A.C.Pugin)의 영향을 받아 트리니티 교회를 설계했다. 업존의 집에서 건축가들은 모임을 가졌는데, 그것이 훗날 미국건축사협회(AIA)가 되었다. 우측 사진은 월스트리트 안에서 보이는 트리니티 교회의 모습이다. 왼쪽 사진의 붉은 색을 칠한 도로가 월스트리트이다. 푸른색을 칠한 건물 중 왼쪽 빌딩이 에퀴터블 빌딩이다.

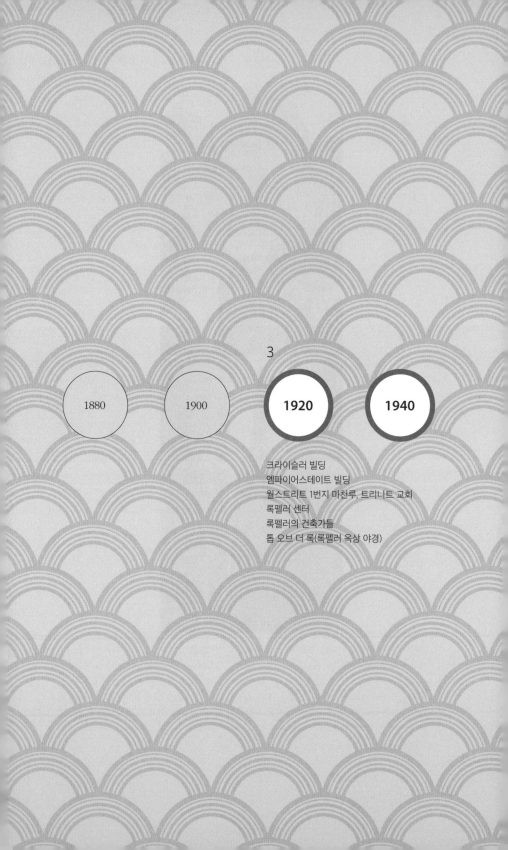

3

1880

1900

1920

1940

크라이슬러 빌딩
엠파이어스테이트 빌딩
월스트리트 1번지 마천루, 트리니트 교회
록펠러 센터
록펠러의 건축가들
톱 오브 더 록(록펠러 옥상 야경)

ART DECO STYLE
SKYSCRAPER PERIOD
1920-1940
아르데코 스타일
마천루 시대

1965　　1970　　1975　　1980

상상력의 시대.
철의 광채와 돌의
색채가 건물 외장에 반영.
고딕의 정신이 간소화된 시대.

크라이슬러
빌딩

1930

크라이슬러 회장 월터 크라이슬러(Walter P. Chrysler)가 본사 초고층 마천루를 세울 무렵인 1930년 그의 목표는 두 가지였다. 하나는 기업 임직원들을 위해 최상의 업무 환경을 제공하는 것이었고, 다른 하나는 로어맨해튼 울워스 빌딩의 명성을 능가하는 초고층 마천루를 미드 맨해튼에 선사하는 것이었다.

그는 비즈니스의 중심이 로어맨해튼에서 미드 맨해튼으로 옮겨 왔음을 본사 마천루 건축으로 천명하고자 했다. 크라이슬러 측은 건축가 윌리엄 반 알렌(William Van Alen)을 선임했다. 맨해튼 건축계에서 반 알렌의 이름은 생경했다. 크라이슬러는 마천루 높이가 259.4미터라고 발표하며, 세계 마천루 타이틀을 거머쥐려 했다. 가장 높다는 타이틀을 거머쥐려는 야심은 크라이슬러 회장에게만 있었던 것은 아니었다. 로어맨해튼의 맨해튼 은행(Bank of Manhattan) 또한 새로운 본사 마천루로 이 타이틀에 도전했다.

크라이슬러 측의 발표를 듣고, 맨해튼 은행 측은 260미터 마천루를 짓겠다고 공식적으로 선언했다. 크라이슬러 빌딩보다 60센티미터 높은 마천루였다. 경쟁심리란 묘하다. 간소한 차이일수록 더 치열해진다. 아랫동네의 소식을 접한 윗동네 측은 약이 바짝 올랐다. 크라이슬러 측은 눈앞에 둔 세계 타이틀을 60센티미터 차이로 놓치고 싶지 않았다. 크라이슬러 측은 고심 끝에 수정된 높이 276미터를 언론에 발표했다.

맨해튼 은행도 가만히 있을 수 없었다. 크라이슬러 마천루 꼭대기 제안이 아치 위에 아치를 포개며 뾰족하게 마무리되는 꼭대기임을 알고 있었던 맨해튼 은행의 건축가 크레이그 세버런스(H. Craig Severance)는 승리를 확신하며 본래의 계획에 추가로 3개 층을 더했다. 맨해튼 은행 측은 조정된 높이 283미터를 언론에 공개했다.

싸움구경만큼 재미난 구경도 없다. 이제 두 마천루 높이 경쟁은 맨해튼 언론을 뜨겁게 달구는 초미의 관심사가 되었다. 크라이슬러

사진의 왼쪽은 로어맨해튼의 맨해튼 은행 빌딩이고, 오른쪽은 미드 맨하튼의 크라이슬러 빌딩이다. 1920년대 맨해튼에는 이 두 초고층 건물 외에도 숱한 초고층 건물이 세워졌다. 어느 세대나 빌딩 붐 시기 이후에 시장은 속도 조절이 필요하다. 맨해튼은 1930~40년대 돈 씀씀이를 줄여야 하는 시기였고, 다시 속도를 낸 시기는 1950~60년대였다. 이때 다시 맨해튼에서는 마천루 붐이 일어났다. 마천루 때문에 경제가 파탄이 난 것이 아니라, 경제가 호황이었기 때문에 마천루가 세워진 것이다. '마천루의 저주'라는 표현은 도시를 바라보는 시각의 틀을 20~30년으로 한정하여 적용하면 맞을 수도 있다. 하지만 시각의 틀을 넓혀 200~300년을 놓고 본다면, '마천루의 축복'이라는 표현이 보다 적합하다.

는 맨해튼 은행의 불장난에 더 이상 가만히 있을 수 없었다. 반 알렌은 크라이슬러 회장에게 비밀리에 건축안을 보고했다. 아치 첨탑 위로 솟을 38미터 높이의 철침을 비밀리에 제작하여 맨해튼 은행이 준공을 발표한 후에 올리자고 제안했다. 자존심이 걸린 만큼 크라이슬러 회장도 이번만큼은 이를 언론에 알리지 않았다.

크라이슬러 빌딩이 막다른 골목에 처해 있을 것이라 믿었던 맨해튼 은행은 준공식을 하며 샴페인을 터뜨렸다. 곧 '세계에서 가장 높은 마천루'라는 타이틀이 수여됐다. 그 소식을 들은 크라이슬러 측은 회심의 미소를 지으며 숨겨두었던 병기를 끄집어 냈다.

다 끝난 줄 알았던 마천루 첨탑 위를 뚫고 은색 철로 만든 철침이 올라가기 시작했다. 철침은 천천히 우아하게 올라갔다. 무지개 모양으로 위로 갈수록 작아지는 첨탑의 아치도 섬세하고 아름다웠지만, 그 위로 솟는 철침은 크라이슬러 마천루의 백미였다.

그때까지 인간이 만든 가장 높은 구조물은 파리의 에펠탑으로 높이가 296미터였고, 인간이 만든 가장 높은 마천루는 맨해튼 은행으로 283미터였다. 크라이슬러 빌딩은 무려 314미터까지 솟았다. 언론은 크라이슬러 측의 승리를 대서특필했다. 철침은 작은 단위로 만들어져 조금씩 첨탑으로 옮겨졌다. 밖에서 이를 본 사람들은 올라가고 있는 철제 부재가 첨탑 철골 구조재라 생각했지, 그 누구도 철침의 일부라고는 생각지 못했다. 꼭대기까지 올라간 철침 부재는 첨탑 중앙에 있는 목조 수직통로(shaft)를 통해 60층까지 내려졌고, 거기서부터 올라갔다. 조립된 철침은 총 세 부분으로 만들어졌고, 만든 후에는 녹슬지 않는 광택 철로 마감됐다.

파리 에펠탑 높이를 능가한 맨해튼 마천루는 크라이슬러 빌딩이 최초였고, 사람이 만든 마천루가 1000피트(300미터)를 넘은 것 또한 크라이슬러 빌딩이 최초였다. 크라이슬러 빌딩 이전에 300미터라는 수치는 마천루가 도달하기 불가능한 수치였다. 1930년 5월 27일 크라이슬러 빌딩은 세상에서 가장 높은 마천루라는 타이틀을 얻었다.

크라이슬러 빌딩 로비에는 이날의 기념비적인 업적을 다음과 같

크라이슬러 빌딩이 완공되고 1930년 8월에 대서특필된 철침 시공법. 왼쪽은 철침의 부분 부재들이 3번에 걸쳐 기중기를 통해 올라간 모습을 보여주고 있다. 오른쪽은 올라간 철침 부재들이 임시로 첨탑 위에 만든 데크를 통해 첨탑 중앙에 설치된 목조 수직통로를 통해 60층까지 내려가는 모습을 묘사하고 있다.

크라이슬러의 첨탑은 어디에서 보느냐에 따라 다른 얼굴을 하는 걸작이다. 우리 도시에 새로 짓는 마천루도 이처럼 세기를 가르는 훌륭한 마천루 첨탑을 세워야 한다. 오른쪽 두 사진, ⓒ이중원

이 기록하고 있다. "크라이슬러 빌딩은 땅에서 1047피트(약 319미터) 치솟았다. 20,961개의 철골구조와 391,881개의 리벳과 3,826,000개 벽돌과 446,000개 타일과 35마일(56.3킬로미터)의 설비 파이프와 750 마일(1207킬로미터)의 전선으로 완공했다."

맨해튼 은행이 높이로는 크라이슬러 빌딩에 도전장을 던졌지만, 아름다움으로는 감히 비교할 대상이 되지 않았다. 크라이슬러 빌딩 이 맨해튼 마천루의 군계일학이라는 사실은 시간이 갈수록 확실해 지고 있다. 에펠탑이 파리에서 랜드마크로서 가진 위상을 맨해튼에 서는 크라이슬러 빌딩이 확보했다. 에펠탑이 파리의 아이콘이 되었 듯, 크라이슬러 빌딩이 맨해튼의 아이콘이 됐다.

마천루의 몸통 부위는 조지아 주에서 온 흰 대리석과 스웨덴에서 온 화강석으로 하체에서 3단을 이루고, 상체에서 3번 접히며 곧게 올라가고, 머리에서 윤기나는 니켈 크롬 아치를 이룬다. 연필 끝처럼 위로 갈수록 모이는 크롬 아치는 7번 반복되다가 기다란 철침이 뾰 족하게 나온다.

실로 수많은 맨해튼 마천루들이 지어지고 저마다 하늘을 주장하 는 방식이 있지만, 크라슬러가 주장하는 방식은 점진적 소멸이다. 아 치들이 반지름을 줄여가며 솟아오르며 위로 갈수록 창문의 개수가 줄어든다. 아치는 철심으로 치환되어 선에서 점으로 소멸한다. 하늘 에 걸려 있는 태양을 반짝반짝 반사하는 오전 시간에는 백금으로 보 이는 철침은 어김없이 하늘을 찌르는 촉의 모습이고, 삼각형 창들에 서 빛이 나오는 저녁 시간에는 삼각형이 도드라져 어김없이 빛을 발 하는 태양의 모습이다.

돌의 몸통이 철로 치환하며, 네모진 평면이 포개지는 아치로 변했다가 다시 뾰족한 철침으로 변하는 모습은 위로 갈수록 첨예해질 수밖에 없는 인간사의 치열한 경쟁을 표상이라도 하는 듯하다. 크라이슬러는 돌의 몸통이 위로 갈수록 돌의 표피를 벗고 철이 되어가는 모습이고, 철침이라는 한 점으로 체적이 줄기 때문에 상승감이 높아진다. 울워스 빌딩에서 보여준 고딕의 정신이 크라이슬러 빌딩에서 아르데코 정신으로 계승한다.

낮이든 밤이든 크라이슬러의 왕관은 반짝인다. 낮에는 태양으로 빛나고, 밤에는 조명으로 빛난다. 빛을 반사하든 발하든 크라이슬러 꼭대기는 항상 빛난다. 초고층 도시 맨해튼은 우리에게 마천루는 어떠해야 하는지 크라이슬러 빌딩을 통해 말해준다.

엠파이어스테이트
빌딩

크라이슬러 빌딩이 완공된 지 채 일 년이 되기 전에 1930년대 맨해튼 마천루 역사에 획을 그을 엠파이어스테이트 빌딩이 완공되었다. 맨해튼 스카이라인의 대명사가 된 엠파이어스테이트 빌딩은 세계인들이 그토록 꿈에 그리던 '100층'이라는 엄청난 높이를 달성했다. 엠파이어스테이트 빌딩의 힘찬 볼륨과 간소화한 장식은 크라이슬러 빌딩과 같은 정교함과 우아미는 없었지만, 대신 흔들리지 않을 초고층 마천루에 대한 열망과 열정이 있었다.

건축가인 슈레브, 램, 해먼(Shreve, Lamb & Harmon)은 5번 애비뉴에 엠파이어스테이트 빌딩을 짓기 전부터 이미 5번 애비뉴 500번지 마천루(500FA)로 이름을 날렸다. 500FA는 맨해튼을 대표하는 5번 애비뉴와 42번 스트리트가 교차하는 북서쪽 코너에 위치했다. 500FA는 필지의 좁은 폭으로 극복할 제한점이 많은 마천루였다.

마천루의 저층부는 필지를 가득 채워 큰 덩치였지만, 마천루의 몸통은 서쪽으로 치우쳐 위로 얇고 가늘게 솟았다. 이전 시대의 역사주의적 장식은 철저히 배제했고, 건물 입면의 대칭성 또한 비대칭성으로 치환했다. 오늘날 브라이언트 파크에서 500FA를 바라보면, 마천루의 시원시원한 근대성에 놀라게 된다.

엠파이어스테이트 빌딩처럼 큰 사랑을 받지는 못했지만, 500FA는 맨해튼이 보유한 훌륭한 마천루 중에 하나다. 이는 5번 애비뉴 건물들의 속성과 42번 스트리트 건물들의 속성을 알면 더욱 명확해진다.

500FA는 뉴욕 공공 도서관 맞은편 북쪽에 위치한다. 맨해튼에서 가장 번화한 거리는 5번 애비뉴와 42번 스트리트이다. 사진에서 위 아래로 뻗은 도로가 5번 애비뉴이고, 마천루 앞 좌우로 흐르는 도로가 42번 스트리트이다. 500FA에서 5번 애비뉴를 따라 남쪽으로 내려가면 엠파이어스테이트 빌딩이 있고, 42번 스트리트를 따라 동쪽으로 가면 크라이슬러 빌딩이 있다.

건축가 윌리엄 램(William Lamb)은 5번 애비뉴의 낮은 상가 건물 흐름과 42번 스트리트(브라이언트 파크 맞은편)의 높은 오피스 건물 흐름을 500FA 코너 필지에서 절묘하게 조정했다. 500FA는 마천루로서 맥락 대응적이었고, 거리 관계적이었다.

엠파이어스테이트 빌딩은 여러모로 500FA와는 다르다. 대지가 훨씬 넓었고 초고층이었다. 엠파이어스테이트 빌딩 기단부는 가로 127.5미터, 세로 59.1미터의 경이적인 규모였고, 높이 또한 마천루로서는 맨해튼 최초로 100층을 넘는 초고층 마천루였다. 엠파이어스테이트 빌딩은 여러 개의 기록을 깼다. 백만 장이 넘는 벽돌, 1.8킬로미터에 육박하는 엘리베이터 케이블, 600킬로미터에 달하는 전기선을 3,500명의 인부들이 달려들어 완공했다. 하지만 이보다 세상을 더욱 놀라게 한 기록 갱신은 경이적인 속도였다.

18개월 만에 100층이 넘는 마천루 공사가 끝났다. 평균 잡아 일주일에 4.5개 층이 올라갔고, 심한 경우에는 열흘에 14.5개 층이 올라간 적도 있었다. 공사 현장 인부들이 점심시간에 지상으로 내려가는 시간도 줄일 수 있도록 간이 공사장 밥집을 5개 층마다 설치하여 샌드위치와 아이스크림을 보급했다. 이런 건설 속도로 맨해튼 마천루 역사에서 가장 빠른 속도였다.

숱한 기록 갱신과 경이적인 속도보다 시민들의 마음을 사로잡은 것은 역시 건물의 높이였다. 맨해튼 어디에 있든 100층 높이의 엠파이어스테이트 빌딩을 볼 수 있었다. 6,400개의 유리창들은 200,000 세제곱 피트의 라임스톤 외장과 하나가 되어 86층까지 치솟았고, 그 위로는 철제 첨탑부로 변해 102층까지 뻗었다.

엠파이어스테이트 빌딩의 유일한 장식은 유리를 붙잡고 있는 창틀이었다. 니켈과 크롬으로 만들어진 창틀은 기차 종착역 철도처럼 마천루 입면을 따라 두 줄씩 한 조가 되어 건물의 입면으로 치솟았다. 기단부에서 철로처럼 치솟는 여러 조의 은빛 창틀은 첨탑에서 모아졌다. 첨탑 조명은 시민들의 꿈을 부추긴다.

맨해튼 마천루 전문 비평가 에릭 네쉬(Eric Nash)는 다음과 같이 말했다. "우리가 마천루를 사랑하는 것은 마천루의 효율성 때문이 아니다. 마천루는 지속적으로 우리로 하여금 꿈을 꾸게 하기 때문이다."

엠파이어스테이트 빌딩이 완공된 1931년은 맨해튼 월가의 거품이 터지고 두 해가 되던 시기였다. 1차 세계대전의 승전으로 가파르게 상승하던 맨해튼 경기가 무섭게 하강했고, 이 엄청난 규모의 마천루는 준공과 함께 잔인한 공실률을 맞이했다. 뉴요커들은 엠파이어스테이트 빌딩의 'Empire' 대신 'Empty'를 써서 '엠티스테이트 빌딩'이라 조롱했다.

그렇지만 세계에서 가장 높은 빌딩이라는 타이틀은 여전히 건재했다. 엠파이어스테이트 빌딩은 준공년도인 1931년부터 무려 42년간 세계에서 가장 높은 마천루라는 이유 하나만으로 연평균 350만명의 관광객을 전망대로 끌어들이며 힘든 대공황 시기를 버텨낼 수 있었다. 1950년대부터 임대는 꽉 찼고, 비로소 높은 수익을 창출하게 되었다. 맨해튼 초고층 마천루의 대명사인 엠파이어스테이트 빌딩을 바라보면서 우리는 다음과 같은 질문을 던질 수 있다.

우리는 도시에 왜 초고층 마천루를 짓는가? 구약 성서 '바벨탑'에 초고층 마천루를 빗대어 반대하는 세력이 있고, 초고층 마천루가 대공황을 불러일으키는 장본인인 것처럼 '마천루의 저주'를 들먹이며 저지하는 세력이 있음에도 불구하고 우리는 왜 도시에 초고층 마천루

엠파이어스테이트 빌딩은 5번 애비뉴와 34번 스트리트 교차점에 있다. 맨해튼에서 34번 스트리트는 펜 스테이션 기차역으로 뜬 도로이고, 42번 스트리트는 그랜드 센트럴 스테이션 기차역으로 뜬 도로이다. 34번 스트리트에 엠파이어스테이트 빌딩과 42번 스트리트에 500FA 모두 건축가 윌리엄 램이 디자인했다. 두 마천루는 모두 5번 애비뉴에 있다. ⓒ이중원

를 짓는가? 그것은 네쉬가 말했듯이 초고층 마천루는 끊임없이 도시에 꿈을 불어넣기 때문이다. 그것은 마천루의 천문학적 높이가 보통의 생각과 웬만한 노력으로는 도달할 수 없는 경지이기 때문이다. 그것은 공공적 집념이며, 도시적 노력이며, 시대적 선언이기 때문이다.

우리 도시에도 초고층 마천루를 여러 개 지으면 어떨까? 세계인들이 우리 도시를 마천루의 도시로, 미래를 지향하는 도시로 기억하게 하면 어떨까? 강인한 산(山) 사람의 유전자를 가진 우리가 그 어떤 민족보다 수직선을 사랑하는 민족임을 '인공의 산'인 마천루를 통해 보여주면 어떨까?

20세기 초 맨해튼에 세워진 마천루가 대도시 문화의 정점을 찍었다면, 21세기 초는 우리 도시에 세워질 초고층 마천루들이 새로운 대도시 문화의 정상을 찍었으면 좋겠다. 세계인들이 우리 도시를 보고 높이를 꿈꾸고 미래를 꿈꾸게 하자.

월스트리트 1번지 마천루,
트리니트 교회

1932

트리니티 교회는 월스트리트의 시작점이다. 교회의 공식적 주소는 브로드웨이지만, 좁은 월스트리트에서 보이는 첨탑 때문인지 내게 체감되는 교회 주소는 브로드웨이가 아닌 월스트리트다. 트리니티 교회의 뾰족한 첨탑은 19세기 중반만 해도 로어맨해튼에서 가장 높았다. 지금은 다른 수많은 마천루들 틈에서 난쟁이만큼 작아 보이지만, 한때 트리니티 교회는 로어맨해튼 스카이라인의 왕자였다.

브로드웨이에서 월스트리트로 걸어 들어가면, 마치 비좁은 협곡에 들어온 느낌이 든다. 가로 폭에 비해 양옆 마천루들이 너무 높아 생기는 느낌이다. 좁은 골목길에 짙은 마천루 그림자가 하늘의 의존율을 높인다. 푸른 하늘에 교회 첨탑이 보인다. 갈색의 첨탑이 파란 하늘을 둘로 나누기라도 하듯이 뾰족하게 솟는다. 좁고 짙은 가로 끝에 솟아오른 트리니티 교회의 갈색 첨탑은 월스트리트 마천루 협곡의 절경이다. 숱한 관광책자에 그 모습이 사진으로 소개되어 있다.

건축가라면 월스트리트 시작점에서 놓치기 어려운 건물이 트리니티 교회 말고 하나 더 있다. 바로 월스트리트 1번지이다. 서울로 치자면 명동 1번지인 이곳은 20세기 초 맨해튼에서 땅값이 가장 비싼 곳이었다. 월가의 세력 있는 은행들은 저마다 이곳을 차지하고 싶어 했다. 이 자리를 차지하는 것만으로도 장안의 화제였다. 마천루의 건축주는 은행과 대기업들이었고, 이들은 이름이 널리 알려져 있는 자리에 유명한 건축가를 고용하여 회사 이름을 높일 수 있는 마천루를

녹지가 있는 곳이 트리니티 교회이다. 교회 앞으로 차들이 많이 늘어선 도로가 브로드웨
이다. 사진에 천연색으로 보이는 50층 높이의 백색 라임스톤 마천루가 랠프 워커가 디자
인한 월스트리트 1번지 마천루이다. 마천루는 월스트리트로 들어갈 때 입구이고, 교회는
나올 때 출구이다.

짓고 싶어 했다.

따라서 월스트리트 1번지는 브로드웨이 1번지, 5번 애비뉴 1번지와 함께 맨해튼 세력가들이 호시탐탐 노리는 땅이었다. 어빙트러스트컴퍼니(Irving Trust Company)는 큰돈을 주고 월스트리트 1번지 자리를 거머쥐었고, 건축가로는 MIT에서 건축을 수학한 랠프 워커(Ralph Walker)를 선임했다. 워커는 아르데코 마천루 시대에 큰 영향을 끼친 맨해튼 마천루 건축가였다.

워커의 마천루는 두 도로(브로드웨이와 월스트리트)가 교차하는 지점에서 모퉁이를 돌고 라임스톤 외장이 부드럽게 파도치며 느슨하게 하늘로 솟는다. 심심하게 진행되던 브로드웨이가 워커의 마천루 앞에서 부드럽게 춤추는 코너를 만든다. 망치와 끌로 정성스럽게 음각한 라임스톤이 마천루의 흔들림을 재촉한다. 처음에는 오목하게 U자형으로 음각한 수직선이 로켓처럼 하늘로 치솟는 것 같더니, 찬찬히 뜯어보니 반대로 하늘로부터 부드럽게 떨어지는 커튼 같다. 건축가 랠프 워커의 세밀한 로맨티시즘은 독일 표현주의 양식에서 비롯되었다.

하늘에서 부드럽게 내려오는 라임스톤 외장이 세밀한 음각으로 보는 이의 감각신경을 깨운다. 돌조각에 자극받은 눈이 어느덧 손으로 돌 표면을 문지르게 한다. 거대한 돌 마천루가 표면 음각으로 얇고 가늘어진다. 부드럽게 파도치는 돌이 부드러운 그림자를 건물 표면에 만든다면, 세밀한 음각이 세세한 음영을 돌 파도 위에 만든다. 199미터 높이의 돌벽이 부드러우면서도 세밀한 그림자를 그리며 수직으로 솟는다.

이집트 룩소르에 가면 카르나크 신전이 있다. 성벽 같은 입구를

월스트리트 1번지에 있는 마천루의 입구 모습이다. 랠프는 섬세하고 세밀하게 마천루 하단 디테일을 조율했다. 아래 사진은 마천루 돌 외장 음각 디테일이다. 부드러우면서 동시에 각졌다.

지나면 거대한 지름을 가진 기둥으로 가득 찬 방이 나온다. 무너질까 불안했는지, 기둥 지름은 크고, 기둥과 기둥 사이 공간은 좁다. 뚱뚱하고 높은 기둥들 표면 위로 상형문자가 음각되어 있다. 문자의 내용을 해독하지 못하는 현대인들에게 문자는 기호 정보가 아니라 시각 정보이다. 그 사이를 지나가면 마음은 돌에 압도된다. 돌의 높이, 돌의 밀도, 돌의 음각에 압도된다. 태양이 작열하는 이집트에서 서늘한 열주실의 돌기둥들은 하나하나가 시간을 이기고자 한 인간의 열망이다. 고대인들은 거대하고 부드러운 원형 기둥을 음각하여 살아 있던 흔적을 땅 위에 남겼다.

월스트리트 1번지 마천루를 바라보면, 카르나크 신전의 기둥이 생각난다. 이집트 고대인들이 카르나크 신전 열주실에서 돌로 남기고자 한 것과 맨해튼 현대인들이 월스트리트 1번지 마천루에서 돌로 남기고자 한 것은 형식은 다르지만, 그 열망은 동일하다. 마천루 군집 속에서 월스트리트 1번지 마천루는 각별하다. 월스트리트 1번지 마천루는 부드럽게 춤추는 수직의 그림자를 월스트리트 초입에 만든다.

록펠러
센터

1932
|
1940

서울에서 가장 서울다운 곳은 어디일까? 서울의 지난 역사가 느껴지는 세종로일까? 아니면 마천루가 가장 많이 밀집한 테헤란로일까? 젊은이들이 가득한 강남역일까? '서울의 서울'은 많은 사람들이 찾는 곳일 것이고, 서울의 서울다움을 이념적으로나 물질적으로 표상하면서 동시에 도시적이고 건축적인 장소이자 거리일 것이다. 그런 맥락에서 '맨해튼의 맨해튼'을 꼽으라면 분명 이견이 분분하겠지만, 아마도 록펠러 센터(RFC)일 것이다.

보스턴에서 인턴 건축가로 일할 때, 빌 테큐 할아버지는 내게 미국에서 가장 위대한 도시 광장이 맨해튼에 있다고 했다. 이름은 록펠러 센터 광장이라고 했다. 그때까지 록펠러 센터 광장을 가보지 못했던 나는 할아버지 말에 귀를 기울였다.

조감도에서 보면, 록펠러 센터의 건축적인 묘미는 건물들의 높이와 방향 변화다. 전체적으로 조화로운 밀도를 가질 수 있게 건물의 높이에 경중을 두었다. 건물의 방향 또한 사람의 동선에 따라 미묘한 변화가 읽히게 했다. 센터의 입구인 5번 애비뉴에서는 동서 방향으로 읽히도록 했고, 센터의 출구인 6번 애비뉴에서는 남북 방향으로 읽히도록 했다.

5번 애비뉴에서 록펠러 센터로 들어서면, 좁고 긴 광장이 보인다. 좁고 긴 광장의 바닥은 들어갈수록 깊어진다. 광장의 끝은 움푹 꺼지다가 갑자기 얇은 마천루가 하늘로 70층까지 치솟는다. 경사진 좁

록펠러 센터 동측으로 두 개의 첨탑이 있는 고딕식 교회가 성 패트릭 교회당이다. 록펠러 센터의 애칭은 바위라는 뜻에서 '록(Rock)'이다. 록펠러 센터의 중심 건물은 중앙에 가장 높은 건물(30 Rock)이다. 30록의 꼭대기 층은 '톱 오브 더 록(Top of the Rock)'이라고 불리는 곳으로 미드 맨해튼 전망대로는 최고이다. 록펠러 센터는 총 19개의 건물군으로, 마천루이면서 5번 애비뉴를 대표하는 어반룸이다.

고 긴 광장과 선큰가든이 마천루의 높이를 실제보다 더 높아 보이도록 한다. 건축가는 정면 대신 측면을 보여서 건물의 얇은 면이 정면이 되게 처리하여 실제보다 더 높게 보이도록 했다. 이 마천루는 30록(30 Rock, 30 RFC 또는 GE 빌딩)이라 불리는 건축물로 록펠러 센터의 중심이다. 30록보다 잘생긴 마천루가 맨해튼에 많지만, 30록만큼 극적으로 착시 현상을 디자인에 응용하여 높이를 강조한 마천루는 드물다.

록펠러 센터의 건축 자문단은 쟁쟁했다. 레이먼드 후드(Raymond Hood)가 있었고, 컬럼비아 대학 건축학과 교수였던 하비 코베트(Harvey Corbett)가 있었고, 후에 록펠러 집안 사람이 되는 월리스 해리슨(Wallace Harrison)이 있었다. 책임 건축가로는 레이먼드 후드가 선임되었다.

MIT에서 수학한 건축가 레이먼드 후드의 디자인 실력은 뛰어났다. 후드의 건축적 재능은 여러 차원에서 입증되고 있다. 19동의 건물 높낮이를 주무르며 광장과 건축의 관계성을 생각하는 그의 솜씨는 신출귀몰하다. 뿐만 아니라 그는 광장과 하나되는 마천루를 고안했고, 거리와 하나되는 광장을 고안했다. 그의 치열한 디테일은 조건에 따라 변화하며 광장과 마천루의 위계를 잡았다.

광장 진입 시 측면을 강조한 덕분에 30록은 종이처럼 얇아졌고, 경사진 광장의 착시로 건물은 실제보다 더 솟아 보였다. 건축가는 오르면 오를수록 더 오르는 느낌을 주고자, 건물 측면에 단을 주었다. 그러자 30록은 오를수록 건물의 무게를 벗어던지게 되었다. 마천루는 솟을수록 껍질을 벗었고, 벗을수록 헐거워졌고, 헐거워질수록 다시 솟았다.

후드는 수직적인 띠로 외장을 마무리했다. 돌과 유리가 교차하며 띠를 이루도록 했고, 두꺼운 띠와 얇은 띠를 적당히 섞어 긴장감을

주었다. 중앙에 있는 3개의 두꺼운 돌띠는 앞으로 완만하게 부풀게
했다. 볼륨은 부드러워졌고, 태양에 의해 살짝 돌아오른 외장에 그림
자가 졌다.

돌띠의 두께 변화로 마천루에 상승감이 생겼고, 돌띠의 부풀림으
로 마천루에 리듬감이 생겼다. 5번 애비뉴 중앙광장 앞에서 30록을

왼쪽 사진은 5번 애비뉴에서 바라보는 록펠러 센터의 중심 광장과 중심 마천루 30록이다.
맨해튼의 가장 번화한 거리인 5번 애비뉴에서 걸어 내려오다 보면 후드의 록펠러 광장을
만난다. 우측 사진은 30록의 디테일 사진이다. 중앙 3개의 돌띠가 완만하게 도드라진다.
ⓒ이중원

보면, 실제 높이 70층보다 훨씬 높아 보인다. 광장 바닥의 경사와 양 옆에 있는 두 동의 나지막한 건물들이 30록의 수직성을 부추겼고, 건물의 디테일이 건물의 비물질화를 촉진시켰다.

록펠러 센터의 또다른 볼거리는 지하에서 일어난다. 지하철 역과 연결되어 있는 보행로는 록펠러 센터 19개 동 건물들을 이어준다. 만남의 광장이 있는가 하면 보행로는 작은 가게들과 레스토랑으로 차 있다. 비가 오나 눈이 오나 록펠러 센터 보행로는 사람이 줄지 않았다. 아이스링크는 시민을 위한 공공의 장소였다.

록펠러 센터는 지어진 날부터 많은 사람들의 사랑을 받고 있다. 록펠러 센터의 좁고 긴 광장은 장미로 가득 차서 봄의 시간을 담고, 그 주변은 쇼핑과 휴식 공간으로 여름의 시간을 담고, 아이스링크와 크리스마스 트리로 겨울의 시간을 담는다.

좁고 긴 광장 중앙은 6개의 직사각형 분수가 있고, 각각의 분수에는 청동 돌고래가 입에서 물을 뿜는다. 봄이면 가지각색 장미 밭이 처음 3개의 분수대 가장자리를 채우고, 보라색 붉은색 장미 밭이 나중 3개의 분수대 가장자리를 수놓는다. 30록을 뒷배경으로 하고, 분수에 앉아 물소리를 들으며 장미를 쳐다보는 한가로움이 아마도 빌 테큐 할아버지로 하여금 그토록 록펠러 센터 광장을 칭찬하게 한 이유가 아닌가 싶다.

록펠러 센터 이후에도 숱한 거대 개발이 맨해튼에 있었지만, 록펠러 센터만큼 인기는 누리지 못했다. 록펠러 센터의 비밀은 '길', '광장', '도시'이고자 한 건축의 결과물이었다. 그것은 공공 장소이고자 한 마천루의 의지였다. 록펠러 센터는 마천루가 공공의 장소가 될 수 있음을 세상에 선포했고, 록펠러 센터는 마천루가 시민에게 열린 도시적 · 건축적 걸작이 될 수 있음을 세상에 알렸다.

우리나라에도 대기업 본사가 많다. 과연 우리의 대기업 본사들은 도시와 거리로 이어져 있는가? 시민들에게 열려 있고, 다가가고 있는가? 또한 계절적 시간과 세기적 시간을 엮어내고 있는가? 그래서 예술의 경지에 오른 도시적 광장인가? 100년 전 맨해튼 대기업 본사는 그랬다.

왼쪽 상단 사진은 좁고 긴 분수 광장의 장미 화단이다. 일자형 분수 광장은 아이스링크를 만나며 팔을 벌리고 T자형 광장이 된다. 좌측 하단에 있는 사진이 30록 아래에서 광장이 동서 방향으로 펼쳐지는 모습이다. 우측 사진들은 건물 벽체와 입구에 있는 아르데코 스타일 조각이다. 이러한 장식이 밋밋할 수 있었던 거리를 흔든다. ⓒ이중원

록펠러의
건축가들

록펠러의 건축가는 버트램 굿휴(Bertram Goodhue)였다. 굿휴는 건축가 랠프 크램(Ralph Cram) 밑에서 일을 배우다가 재능을 인정받아 크램의 파트너가 되었다. 굿휴와 크램은 5번 애비뉴의 성 토마스 교회를 마지막으로 헤어져 각자의 길을 갔다. 굿휴의 걸작은 로스앤젤레스 카운티 도서관인데, 이곳 광장 분수가 록펠러 센터 광장 분수와 같은 개념의 디자인이다.

1924년 시카고 대학 채플 완공을 보지 못하고 굿휴가 55세로 갑자기 세상을 떠나자 록펠러는 힘이 빠졌다. 준비 중인 록펠러 센터의 건축가를 잃은 셈이었다. 록펠러 센터의 배치도를 그린 건축가는 벤자민 모리스였고, 록펠러가 정식으로 고용한 건축회사는 라인하드 & 호프마이스터였다. 이들은 당시 저명한 건축가 2인을 고용했다.

한 명은 건축가이자 도시설계가인 컬럼비아 대학 건축학과 교수 하비 코베트였고, 다른 한 명은 마천루 시장에서 새롭게 부상한 건축가 레이먼드 후드였다. 록펠러는 떠오르는 샛별인 후드가 마음에 들었다.

후드는 1922년 《시카고 트리뷴》 본사 국제 공모전에서 당당히 일등하여 맨해튼 마천루 설계 시장에서 유명인사가 되었고, 몇몇의 마천루 디자인으로 맨해튼에서 무시할 수 없는 마천루 건축가가 되었다. 후드는 록펠러 센터의 디자인을 불굴의 의지로 완성한다.

록펠러의 코트 아키텍트는 3명이었다. 첫 번째 건축가는 상단 왼쪽에 있는 버트램 굿휴였
다. 맨해튼 파크 애비뉴의 성 바돌로메 성당(중앙 왼쪽 사진), 5번 애비뉴의 성 토마스 교
회(하단 왼쪽 아래사진)을 완성했다. 두 번째 건축가는 상단 중앙에 있는 레이먼드 후드
였다. 후드는 맨해튼 최초의 아르데코 마천루로 주목 받고 있는 레이디에이터 마천루(중
앙단 가운데 사진)를 완성했다. 후드는 이보다 앞서 《시카고 트리뷴》 마천루(중앙단 아래
사진)를 지었다. 세 번째 건축가는 오른쪽에 있는 윌리스 해리슨이었다. 그는 맨해튼의
UN 빌딩(중앙단 오른쪽 사진)을 완성했다. 해리슨은 존 록펠러의 후원으로 록펠러 센터
의 1960~70년대 증축 동인 6번 애비뉴의 XYZ 빌딩(하단 오른쪽 사진)을 지었다.

애석하게도 후드는 록펠러 센터의 준공을 보지 못하고 굿휴처럼 젊은 나이에 세상을 떠났다. 후드가 53세에 죽자, 월리스 해리슨이 록펠러의 건축가로 부상했다. 해리슨은 록펠러 가문 여인과 정략결혼을 하고, 그 후 록펠러 가문의 코트 아키텍트(Court Architect)가 되었다.

록펠러 집안 사람이 된 해리슨은 록펠러 센터 후에도 건축가로서 쟁쟁한 경력을 쌓았다. 그는 맨해튼에 UN 빌딩, 링컨 센터, 6번 애비뉴의 XYZ 타워를 디자인했다. 굿휴는 록펠러와 함께 종교 건축과 교육 건축에 집중한 반면, 후드는 록펠러 센터를 짓다가 사망했다. 이후에 해리슨이 가장 오랫동안 록펠러 가문의 건축을 맡았으며, 맨해튼 건축계의 대부로 30년간 활약했다.

톱 오브 더 록

(록펠러 옥상 야경)

맨해튼 체험의 핵심은 브로드웨이를 따라 걸으면서 맨해튼의 역사를 읽고 뉴요커들이 사랑하는 X자형 광장을 밟아 보고, 5번 애비뉴를 따라 걸으면서 뮤지엄 마일의 예술품을 보고 서울의 명동과 같은 거리를 체험하는 것이다.

5번 애비뉴는 땅에서 숱한 체험을 주지만, 5번 애비뉴 체험의 백미는 30록 꼭대기 층에 있는 전망대이다. 맨해튼 마천루사가 한눈에 파노라마로 펼쳐지는 곳으로 뉴요커들은 이곳을 '톱 오브 더 록(Top of the Rock)'이라 부른다.

30록 건물의 옥상 층에서 펼쳐지는 조망은, 세계 그 어느 도시에서도 볼 수 없는 마천루 광경이다. 이곳은 70층 높이에서 뉴요커들이 도전과 응전을 통해 맨해튼에 이룩한 마천루 봉우리들이 감동적으로 펼쳐지는 자리이다. 지상의 거리 풍경은 지워져 있고, 오로지 마천루의 정상만이 사방으로 펼쳐진다. 수직 도시를 만들고자 한 인간의 의지와 하늘이 아름답게 만나고자 한다. 인간의 열망이 집합적으로 모여 하나의 장엄한 스카이라인을 만든다. 마천루가 도시의 빈부격차를 더 나누는 쐐기 역할을 한다는 관점도, 마천루가 도시 경제의 몰락을 초래하는 기폭제 역할을 한다는 주장도, 30록 위에서는 의미가 없다. 마천루를 만든 사람들은 대부분이 죽었지만, 그들이 남긴 물리적 군락은 여전히 남아 있다. 따라서 마천루는 개인의 것도 아니고 기업의 것도 아니다. 마천루는 도시의 것이다.

위 사진은 톱 오브 더 록에 올라가 남쪽을 바라보고 찍은 사진이다. 정중앙에 있는 마천루가 엠파이어스테이트 빌딩이다. 엠파이어스테이트 빌딩에도 전망대가 있지만, 록펠러 센터 전망대가 더 낫다. 저 멀리에는 로어맨해튼 그라운드 제로의 프리덤 타워도 보인다.(위 사진 ⓒ이중원, 아래 사진 ⓒFlorin Dr)

실패할 공산이 아주 크다는 주장을 넘어서 마천루 지지자들은 맨해튼 마천루사를 집필해 왔다. 반대도 있었고, 경제적 위기도 있었고, 사회적 갈등도 있었을 텐데, 어째서 뉴요커들은 세계 어느 도시도 이루지 못한 초고층의 도시를 이룩했을까? 미국인들은 이곳에서 무엇을 느낄 것이고, 세계인들은 이곳에서 무엇을 느낄까? 나는 자신을 표현하고자 하는 뉴요커들의 집단 의지와 하늘을 열망하는 집단 소망을 보았다.

역사는 말로 완성하는 것이 아니라 행동으로 완성하는 것이고, 자부심은 철학으로 달성하는 것이 아니라 마천루로 얻을 수 있는 것이라고 톱 오브 더 록은 외치고 있다.

한때 유럽 건축가들은 맨해튼의 마천루는 건축이 아니라 임대 수익을 창출하는 박스일 뿐이라고 비판했다. 나도 한때 그 관점에 영향을 받았다. 나는 톱 오브 더 록을 보고서야 그들의 생각이 틀렸음을 알게 되었다. 물론 그들의 주장처럼 맨해튼 마천루들은 박스 마천루가 많다. 박스지만, 아주 높은 박스이고, 빛나는 박스다. 하나도 아니고 수백 개가 몰려 있으니, 높이의 미학이 밀도의 미학으로 옮겨간다. 톱 오브 더 록은 마천루는 높을수록 아름답고, 많을수록 눈부심을 보여준다.

30록 옥상에서 남쪽을 바라보면, 우측으로 허드슨 강이, 좌측으로 이트스 강이 힘차게 대서양을 향해 전진한다. 근경 중앙에 엠파이어 스테이트 빌딩이 한눈에 들어오고, 멀리 프리덤타워가 한눈에 들어온다. 마천루의 과거와 미래가 동시에 한눈에 들어온다.

자리를 옮겨 북측을 바라보면, 정중앙에 어마어마한 크기의 센트럴파크가 보이고, 공원 남서쪽 끝단에 위치한 콜럼버스 서클의 타임 워너 센터가 보인다. 현존하는 가장 뛰어난 마천루 건축가 중의 한 명인 건축가 노먼 포스터의 헐스트 타워가 있다.

눈을 돌려 동쪽을 바라보면, 파크 애비뉴의 레버와 시그램 빌딩이 눈에 들어오고, 준수한 외모의 시티 코어 마천루가 보인다.

최근 미드 맨해튼은 또 다른 마천루 붐 시기를 맞고 있다. 10년 안에 다수의 초고층 마천루들이 지어질 것이다. 건축가 장 누벨의 모마(MOMA) 마천루가 들어설 예정이고, 두바이의 브루즈칼리파를 디자인한 건축가 아드리안 스미스의 초고층 마천루가 들어설 예정이다. 또한 라파엘 비뇰리의 초고층 마천루가 들어설 예정이다. 그밖에도 다수의 초고층 마천루가 미드 맨해튼에 지어질 예정이다. 이들 마천루가 다 지어지고 나면, 30록의 전망대는 새로운 모습으로 마천루 도시인 맨해튼을 펼쳐 보일 것이다.

맨해튼 사람들은 시대를 달리하며 하늘과 만나는 방식을 새롭게 서술하려고 분투했다. 그것은 재료의 역사, 기술의 역사, 마천루의 역사지만, 무엇보다도 뜨거움(熱情)의 역사 아름다움(美)의 역사다. 그것은 과거에도 있었고, 현재에도 있으며, 미래에도 있을 것이다.

위의 4개의 사진들은 톱 오브 더 록에서 북쪽을 바라보고 서에서 동으로 찍은 사진들이다.
좌측 상단: 북서쪽 조망, 우측 상단 : 북쪽 조망, 좌측 하단 : 북동쪽 조망, 우측 하단 : 서측 조망.
ⓒ이중원

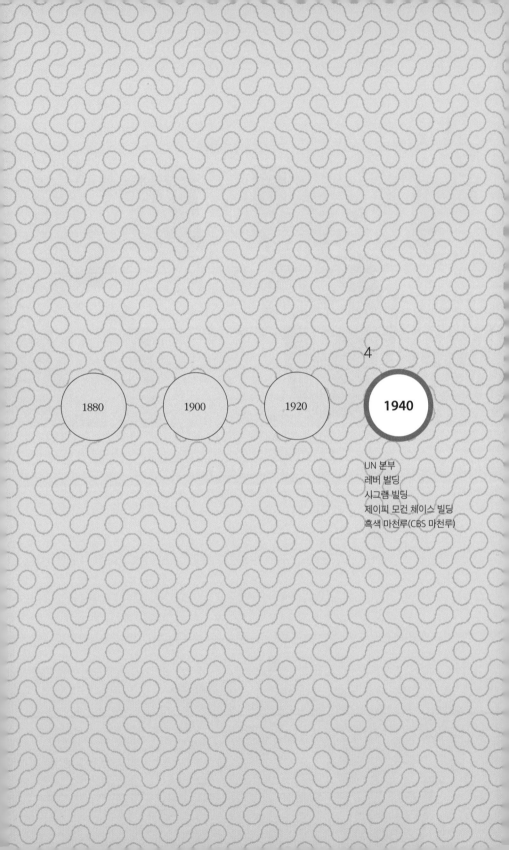

4

1880

1900

1920

1940

UN 본부
레버 빌딩
시그램 빌딩
제이피 모건 체이스 빌딩
흑색 마천루(CBS 마천루)

SKYSCRAPER PERIOD
INTERNATIONAL STYLE
(=MODERNISM)
1940-1965
**인터내셔널 스타일
마천루 시대**

1965   1970   1975   1980

2차 세계대전 후 미국으로
스타 건축가들이 몰림.
경제적이고 기능적인
유리 마천루의 시대.
디자인은 장식이 아니라고 표방함.
대기업의 본사 마천루 디자인을 통해
미국식 세계화 출범.

UN
본부

1947
|
1953

타임스 스퀘어에서 시작한 42번 스트리트의 종결점은 이스트 강변에 있는 UN 빌딩이다. 맨해튼의 대표 애비뉴가 5번 애비뉴라면, 맨해튼의 대표 스트리트는 42번 스트리트이다. 42번 스트리트에는 5개의 명물이 있는데, 서쪽에서부터 살펴보면 첫째가 타임스 스퀘어이고, 둘째가 브라이언트 파크, 셋째가 크라이슬러 빌딩, 넷째가 그랜드 센트럴 스테이션, 다섯째가 UN 빌딩이다. UN 빌딩은 이스트 강변을 마주하며 42번 스트리트의 종결점 역할을 한다. 세계대전이 끝나자, 전 세계 여러 국가 사이에서 하나의 공감대가 형성되었다. 앞으로 이런 몹쓸 전쟁은 절대 다시 일어나지 말아야 하며, 전쟁이 일어나기 전에 국가 간에 사전 조율을 하는 장치를 마련하자는 것이었다. 연합국 대표들은 한자리에 모여 세계 대표부를 발족시키고자 했다.

패권국이 된 미국의 각 도시는 UN 본부를 자기 도시에 유치하고자 경쟁했다. 샌프란시스코는 물론 동부의 여러 도시들도 유치 공모에 뛰어들었다. 도시 선정 기준은 도시가 제공하는 부지가 교외가 아니라 접근성이 좋은 도심 한가운데에 있어야 한다는 것이었다. 넬슨 록펠러의 막판 협상은 뉴욕 유치를 확실시했다. 넬슨은 맨해튼의 노른자위인 미드 맨해튼 자리, 그중에서도 가장 뜨거운 42번 스트리트를 제안했다.

당시(1947년) 이 지역 땅 주인은 맨해튼 최고 부동산 재벌인 윌리엄 제켄도프(William Zeckendorf)였다. 넬슨 록펠러(훗날 뉴욕 주지사)와

이스트 강변에 있는 UN 빌딩은 42번 스트리트의 동쪽 끝점에 위치한다.

제켄도프는 상류층 사교클럽인 스토크(Stork) 클럽에서 밀담했다. 이들의 뒷거래는 늦은 밤 52번 스트리트에 있는 스토크에서 일어났다. 넬슨도 이곳에서 제켄도프와 막판 협상을 벌였다. 넬슨은 동틀 무렵이 되어서야 거나하게 술에 취한 부동산 큰손의 싸인을 받았다. 넬슨도 제켄도프도 이 지역에 UN 본부를 유치해 톡톡히 이익을 보는 윈윈 거래였다.

그 후 넬슨은 맨해튼 공공 부동산 사업의 실력가인 로버트 모제스를 만났다. 넬슨은 모제스만이 모든 법적인 문제들을 쾌속으로 끝낼 수 있는 방법이 있음을 알고 있었다. 넬슨의 예상은 적중했다. 모제스는 그 누구도 할 수 없을 정도로 신속하게 정부 소유의 땅을 합법적으로 확보해 주었다.

이렇게 판짜기가 완성될 무렵, 넬슨은 자신의 친구이자 록펠러 집안 사람이 된 건축가 월리스 해리슨과 접촉했다. 넬슨은 새롭게 위촉한 건축가 집단의 대표직을 해리슨에게 줬다. 세계적으로 저명한 10명의 건축가들이 선임됐다. 건축가 그룹에는 프랑스 근대 건축의 거장 르 코르뷔지에가 있었는가 하면, 브라질 국민 건축가 오스카 니마이어도 속해 있었다.

건축가들은 선정된 UN 본부 디자인이 받게 될 미디어 스포트라이트 규모를 잘 알고 있었다. 자기 디자인에 대한 고집과 설전은 점입가경이었다. 다혈질의 르 코르뷔지에는 자기 디자인이 반영되지 않자, 자기 도면을 제외한 다른 건축가들의 도면을 벽에서 뜯어 갈기갈기 찢었다. 그는 그때까지도 자기가 UN 본부의 주인 건축가가

← 건축가 월리스 해리슨이 디자인한 UN 본부. 최근에 리모델링을 완료했다. ⓒ이중원

아니라 해리슨의 손님인 것을 모르고 있었다. UN 본부는 넬슨 록펠러의 프로젝트였고, 본부 디자인은 당연히 넬슨의 사람인 해리슨의 것이었다.

결국 르 코르뷔지에는 빈손으로 프랑스에 돌아갔고, 그 후 해리슨과는 대화도 하지 않았다. 이후 르 코르뷔지에는 미국 젊은 건축가들이 자신의 아틀리에에서 인턴 건축가로 일하는 것도 허용하지 않았다. 이때의 직접적인 피해자가 갓 대학을 졸업한 건축가 리차드 마이어였다. 해리슨도 이 일로 6개월 이상 병원 신세를 져야 했다. 이 사건은 훗날 맨해튼 링컨센터에서 해리슨이 선임 건축가직을 극구 사양하게 된 직접적인 계기가 되었다.

39층의 UN 본부 타워는 맨해튼 최초의 커튼월 마천루(유리 벽면 시스템, 1950~60년대의 커튼월 마천루는 맨해튼 모더니즘 마천루 양식의 대표였다)였다. 이스트 강 옆에 있어 유리는 인근 돌 마천루와는 달리 윤기가 흘렀고, 은빛이 도는 푸른 빛깔은 매끄러웠다. 준공과 동시에 맨해튼의 랜드마크 마천루가 되었다.

레버
빌딩

1952

오늘날 유리 마천루는 전 세계적으로 보편적인 마천루 형식이지만, 레버하우스 빌딩(이후 레버라 표기)이 지어진 1952년만 해도 그렇지 않았다. 맨해튼만 하더라도 돌 마천루가 도시를 가득 채웠다. 레버는 유리의 투명함으로 곧장 마천루의 별명을 '수정체(Chrystal)'로 바꿔 놨다.

레버는 의도적으로 파크 애비뉴를 향해 얼굴을 드러내지 않고, 어깨를 드러냈다. 마천루의 전면 대신 측면을 드러내 건물의 얄팍함을 드러낸 것은 레버가 처음은 아니었다. 레버 이전에, 록펠러 센터 중심 마천루인 30록이 측면을 강조했다. 이처럼 레베도 파크 애비뉴와 측면으로 만나, 얄팍하고 떠 있는 이미지를 한층 강조했다.

레버는 크게 기단부와 몸통으로 나뉜다. 기단부는 'ㅁ'자형으로 중앙에 마당을 가졌다. 기단부는 땅에서 살짝 띄워지면서 거리와 소통하는 마당이 생겼다. 'ㅁ'자형 기단부 위로 몸통인 마천루가 섰다. 레버가 세워졌을 때, 사람들은 환호했다. 도시적으로 레버는 거리와 소통했고, 건축적으로 투명한 마천루의 가능성을 열었다. 몸통인 마천루는 초록빛이 도는 유리 마천루였다. 돌 마천루로 가득 찬 맨해튼에 레버는 일종의 블록버스터급 투명함이었다.

54번 스트리트에 서서 레버를 바라보면, 속이 훤히 들여다 보인다. 건축가 고든 분샤프트는 시야가 막힘 없이 53번 스트리트까지 확장되기를 원했는지, 1층 로비 사방을 전면 유리로 처리했다. 마천루 로비는 불투명한 벽으로 확실히 안팎을 구분해야 한다는 이전 마천루 건축가들의 개념을 뒤집었다. 분샤프트의 유리 로비는 들어 올려진 기단부와 짝이 되어 시야의 흐름을 막지 않았다.

투명함은 기단부에서 그치지 않는다. 분샤프트는 건물의 외장까지 유리를 입혔다. 밋밋할 수 있는 유리 틀을 윤기나는 은색으로 처리하여 빛을 투과하는 유리와 빛을 반사하는 철이 한 쌍이 되도록 했다.

유리 크기에 대한 분샤프트의 집착은 대단했다. 제작이 가능한 사이즈로는 최대 사이즈의 유리를 원했는지, 한 장의 유리는 넓고 높았다. 이를 붙잡고 있는 스테인레스 유리 틀은 최대한 가늘게 처리했다. 연약한 유리는 커지고, 강인한 철은 얇아지니, 커진 연약함은 얇아진 강인함에 붙들렸다. 얇아진 강인함은 커진 연약함에 소멸해

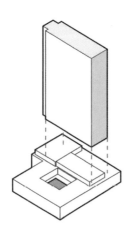 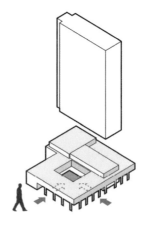

왼쪽 다이어그램은 레버가 마당을 가진 'ㅁ'자형 저층부와 직사각형의 상층부를 가지고 있음을 설명하고 있다. 오른쪽 다이어그램은 저층부가 가로와 적극적인 소통을 할 수 있게 기둥들로 이루어진 회랑이 있음을 보여준다.

대각선에 위치한 시그램 빌딩의 분수 광장에서 찍은 사진이다. 평일 점심시간이라 직장 인들이 거리로 나와 점심으로 샌드위치를 먹고 있다.

갈 것 같았지만 빛이 떨어질 때마다 유리보다 철이 존재감을 드러냈다.

레버는 도시와 소통하는 장치이고, 그의 재료와 디테일은 당대 장인성과 혁신성을 보인다. 은빛 도는 기단부 회랑은 거리와 소통하고, 초록 빛을 머금은 유리 몸통은 짙푸른 하늘을 반사한다. 어디에나 있는 하늘의 푸르름이지만, 새로운 마천루 형식의 창시자인 레베하우스에서는 그 푸름이 각별하다.

레버에 대한 반응은 엄청났다. 맨해튼 건축가들은 비로소 돌의 무거움으로부터 해방된 유리 마천루가 세워질 수 있는 길이 열렸다고 환호했고, 건축주들은 돌 마천루에서 상상할 수 없는 규모의 자연 채광과 도시 조망이 내부에서 가능해졌다고 기뻐했다. 임대업자들은 마천루의 유리 외피가 돌 외피보다 얇아 임대 가능한 면적이 늘어났다고 속으로 좋아했을 것이다.

레버는 원래 비누로 돈을 번 회사였다. 세척제의 환하고 깨끗한 이미지를 마천루로 표현하자 자연히 기업 브랜드가 올라갔다. 울워스 빌딩이 돌 마천루로 이룩한 신화를 레버는 유리 마천루로 새롭게 썼다. 레버의 성공은 입소문을 타고 빠르게 맨해튼에 퍼졌고, 레버 이후에 지어진 맨해튼의 마천루들은 대부분이 유리 마천루가 되었다.

파크 애비뉴에는 비누로 돈을 번 기업 레버, 술로 돈을 번 시그램, 음료로 돈을 번 펩시 콜라 등 숱한 대기업들이 기업 이미지를 높이고자 기업의 본사 마천루를 유리로 새로 지었다.

미국 건축가들은 전후 팽창하는 미국 대기업들이 선도하여 지어내는 기업 본사 마천루 양식을 가리켜, '대기업 모더니즘(Corporate Modernism)'이라 불렀다. 혹 어떤 이들은 인터내셔널 스타일(International Style) 또는 유리 박스 마천루 시대(Glass Box Skyscraper Era)라고 부르기도 했다.

유럽에서 실험적인 주택으로 미미하게 시작한 모더니즘이 맨해튼 파크 애비뉴에 와서는 대기업 본사 마천루를 짓고 어마어마한 광고력을 바탕으로 이전 세대를 쓸어버리고 문화계의 실세가 되었다. 팬-아메리카니즘이 전 세계 도시에 급속도로 퍼져나가면서, 대기업 모더니즘도 지구촌 구석구석으로 들어갔다.

파크 애비뉴 보도에서 회랑 너머 마당까지 시야가 막히지 않고 시원하게 뚫려 있음을 알 수 있다. ⓒ이중원

시그램
빌딩

1958

미스 반 데어 로에(Mies van der Rohe)는 선을 지우고자 했던 건축가다. 그는 꼭 필요한 선만 남기고, 장식적인 선은 지웠다. 선에 대한 그의 집착은 그림자로 확장했다. 미스 이전 세대의 마천루 건축가들은 돌의 음각과 양각을 통해 마천루 외장에 짙은 그림자를 냈지만, 미스는 그림자도 지우고자 했다.

미스는 사선보다 직선이 낫다고 생각했고, 두 개의 선보다는 한 개의 선이 낫다고 생각했다. 미스에게 꿈이 있었다면 그것은 아마도 도면의 모든 선을 하나의 선으로 압축하는 미니멀리즘이었다. 한 선 위에 다른 선을 덧붙여 나가며 여러 개의 선으로 건축을 완성하는 일은 쉽다. 하지만, 한 선으로 건축을 완성하는 일은 불가능하다.

더해 나가는 선은 빼 나가는 선보다 쉽다. 선을 최소화하여 하나의 선으로 만들기 위해서는 모든 불필요한 선의 제거 과정이 필요하다. 미스는 하나의 선에 도달하고자 하는 열망으로 선을 없애 나갔다. 선 지우기를 향한 그의 집념은 비장하기까지 하다.

미스의 평면도를 처음 보는 사람들은 그의 도면이 당연해서 선이 만만하고 쉬워 보인다. 미스의 선은 많이 지우고 새로 그렸기에 불필요한 선들이 제거되어 있다. 건축을 웬만큼 훈련받지 않은 사람들은 미스 도면이 고도로 훈련된 거장의 처절한 지우기의 과정을 통해 도달한 새로운 지평인 사실을 잘 모른다.

1993년 스페인 바르셀로나에 갔을 때 건축가 안토니오 가우디의 사그라다 파밀리아 성당 현장 사무소에서 시공 청사진 묶음이 방대했던 모습을 본 나는 미스의 바르셀로나 파빌리온이 떠올랐다. 같이 있던 여행 동반자는 내게 웃으며 "가우디에 비해 미스는 건축을 너무 쉽게 한 것 같지 않아?"라고 물었고, 나는 웃으며 고개를 끄덕였다. 가우디의 선이 양으로 승부를 걸었다면, 미스의 선은 질로 승부를 걸었다.

미스의 건축은, 빗대어 표현하면 발끝까지 내려오는 여인의 엉킨 머리카락을 솔빗도 아닌 참빗으로 풀어 비단결같이 만드는 과정 같았다. 한 올 한 올 엉킨 머리를 참빗으로 푸는 과정은 아프고 시간도 오래 걸리지만, 일단 다 정리된 후에는 처음부터 마땅히 그랬어야만 했을 것 같은 당연함이라는 점이다. 웃지 못할 미니멀리즘의 억울함이다.

시그램 기업의 총수는 새무엘 브론프먼(Samuel Bronfman)이었다. 처음에 그는 삼류 건축가 찰스 루크먼(Charles Luckman)을 고용했다. 브론프먼의 딸 필리스 램버트(Phyllis Lambert)는 건축을 전공했는데, 그녀는 루크먼의 마천루 계획안이 성에 차지 않았다. 그녀는 자신의 친구이자 맨해튼 건축계의 대부인 필립 존슨을 찾아갔다. 그녀는 존슨에게 설계권을 주고자 했지만 의외로 필립은 손을 저으며 "나보다 근대 건축의 원조인 미스가 아직 시카고에 살아 있는데, 왜 나에게 설계를 맡기려고 해?"라며 설계권을 미스에게 위임했다. 존슨이 미스를 배려하는 마음이 이때까지만 해도 이와 같았다. 물론 시그램 빌딩 디자인 이후로는 미스와의 관계가 소원해져 철저히 미스 건축 스타일을 업계에서 밀어낸 사람도 존슨이었다.

파크 애비뉴에서 무려 27미터나 뒤로 물러나서 마천루를 세운 데

시그램 빌딩 플라자 앞에서 바라본 시그램 빌딩의 저층부. 건축가가 되기 전에 석공이었던 미스는 재료를 다루는 재주가 고전적이고 동시에 현대적이다. 미스는 종종 "구조는 영적(Structure is Spiritual)이다"라고 말했다. 가장 물질적인 질료가 가장 비물적인 상태가 될 수 있음을 시사한다. 황혼에 보는 시그램 빌딩은 오늘날 보아도 영적 세계로 들어가고자 하는 철의 의지가 돋보이는 마천루다. ⓒ이중원

는 웨딩케이크 모양의 마천루가 되지 않기를 원하는 건축가의 마음
이 반영된 것이었지만, 그로 인해 시그램 빌딩은 가로 30미터, 세로
60미터의 넓은 전면 광장을 가지게 됐다. 광장에는 양옆으로 두 개
의 분수를 두었다. 점심시간에는 이곳에 사람들이 옹기종기 앉아 샌
드위치를 먹는다. 미학적인 목표로 생성된 광장이 사회적인 책임 역
시 성실히 이행한다.

미스는 현대적인 기술과 모더니티(근대성)라는 시대정신을 건축에
구사하려 했지만, 그의 비례 체계는 고전에 닿아 있었다. 미스는 고
전 규범을 따르고자 5칸 너비의 전면과 3칸 깊이의 측면을 구사해

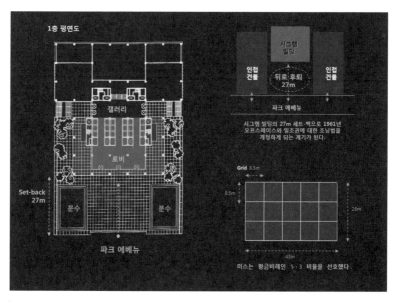

시그램은 인접 마천루와는 달리 파크 애비뉴에서 무려 27미터 뒤로 후퇴(Set-Back)했다.
미스는 시그램이 다른 맨해튼 마천루들과 같이 웨딩케이크 모양으로 계단형 건물이 되길
원하지 않았다. 뒤로 후퇴해서 공공에게는 분수를 가진 오픈 플라자를 주었다. 공개 공지
기부채납으로 건물은 반듯하게 올라갈 수 있는 인센티브를 받았다. 미스의 시그램은 지
어짐과 동시에 선풍적인 반향을 일으켰고, 결국 1961년 조닝법을 시그램의 기준에 따라
개정하는 일이 생겼다.

황금 분할 원칙에 의해 구조 기둥을 박았다. 치수의 기본 모듈은 120 센티미터였다. 황동으로 도금한 철제 멀리언(유리창 앞에 달려 있는 I자형 철제 부재)도 모듈의 배수가 되게 조율했다.

미스의 철은 황동 도금을 입혀 그냥 철보다 귀족적이었다. 마천루가 서 있는 기단은 노면보다 높았다. 그는 건물이 서야 할 땅과 자연적인 대지를 분명히 구분했다. 미스에게 바닥은 중요한 건축 장치였다. 미스는 항상 바닥을 기단으로 높여 주변보다 엘리트화했다. 구리 도금을 입힌 철의 귀족성은 바닥의 엘리트화로 한층 강화됐다. 미스는 핑크빛 도는 버몬트 화강석을 기단 바닥에 깔았다.

우리는 종종 미스가 석공의 아들이라는 사실을 잊어버린다. 그래서 마치 미스의 건축이 철과 유리만의 건축인 것으로 착각한다. 돌을 뺀 미스는 사실 반쪽에 불과하다. 돌에 대한 미스의 감각은 직관적이었다.

석공의 아들로 태어난 그는 어려서 돌 창고에 있는 거대한 트래버틴 판석의 결을 알았고, 오닉스가 얇게 썰면 빛을 투과할 수 있다는 사실을 알았으며, 오리엔탈 그린 돌판 위로 수묵화가 나올 수 있는 사실을 집안에서 놀면서 체득했다. 미스는 돌의 결과 질감을 다루는 데 있어서는 본능적이었다. 이러한 점은 석공에서 건축가가 된 르네상스 건축가 안드레아 팔라디오를 닮았다.

미스를 전 세계적인 스타 건축가로 만든 1929년 바르셀로나 파빌리온에서 미스는 이 세 가지 돌(트래버틴, 오닉스, 오리엔탈 그린)을 자유자재로 활용하며 철과 유리의 바탕이 되게 했다. 철과 유리는 그 바탕 위에서 빛을 반사하였으며 속살을 드러내는 내부 공간을 창출했다.

미스는 광장 바닥 화강석은 정사각형 모양으로 잘라 사용했다. 정

왼쪽 상단 돌 표면이 오닉스이고, 중간이 트래버틴, 오른쪽 상단이 오리엔탈 그린이다. 아래 사진은 바르셀로나 파빌리온 내부 사진. 바닥은 트래버틴이고, 전면에 보이는 주황색 기둥이 오닉스, 저 멀리 보이는 초록색 벽이 오리엔탈 그린이다. ⓒ이중원

117

사각형이 작을수록 시공은 편하지만 이음선이 많아지고, 정사각형이 클수록 이음선은 적어지지만 시공은 어려워진다.

미스는 선이 적은 쪽을 택했다. 그렇다고 돌의 크기를 무한정 크게 할 수도 없는 노릇이었다. 돌이 너무 커지면 잘 부러진다. 따라서 돌의 두께는 두껍게 했다. 최소의 선을 향한 미스의 집념은 두께를 자동적으로 수반했다.

시그램 빌딩의 화강석 광장 바닥은 로비 바닥에 이르러서는 트래버틴 대리석으로 바뀐다. 서로 다른 두 석재의 이음선은 유리면에서 만난다. 단단한 화강석이 부드러운 트래버틴으로 치환하는 지점이 외부에서 내부로 바뀌는 경계면이다.

화강석의 분홍빛이 트래버틴의 우윳빛으로 바뀌는 지점에서, 또한 균질적인 표면인 화강석 면에서 시간의 결이 읽히는 트래버틴 면으로 변하는 그 지점에서 나는 어려서부터 돌 공장에서 뛰어 놀았을 미스를 보았다.

선을 지우고자 했던 미스의 의지는 유리에도 그대로 적용됐다. 미스는 큰 유리 사용으로 유리와 유리 사이의 선을 최소화했고, 결국 그러한 집념은 두꺼운 유리로 귀결했다. 유리 틀을 알루미늄이 아닌 철로 대체한 데에는 유리의 무거움이 증가한 데 따른 결과였다. 알루미늄보다 단단한 철은 더 무거운 유리를 붙들 수 있었다.

시그램 빌딩의 로비를 구성하는 유리면은 유리 한 판이 무려 가로 2.4미터, 높이 7.2미터의 엄청난 크기였다. 이는 당시 기술력이 닿을 수 있는 최대 크기였다. 미스는 그 시대가 감당할 수 있는 기술력을 재료에 담아 미학적으로 표현하고자 했다. 미스는 내부에도 바닥에서 천장까지 닿는 유리를 세계 최초로 사용했다. 숱한 건축가들이 시대정신을 입으로 떠들 때, 미스는 유리의 한계치에 도전하는 이음새의 소멸로 시대정신을 쓰고자 했다.

로비를 감싸는 유리면은 마천루 경계면에서 안으로 들어가 있다. 전면은 9개의 유리로 구성하고, 측면은 3개의 유리로 구성하며 로비를 감싼다. 로비의 대리석 벽면은 내외를 관통한다. 유리 로비 위로 짙은 톤의 철 마천루가 157미터까지 올라간다. 연약한 유리가 거대한 마천루를 지지하는 착시가 일어난다.

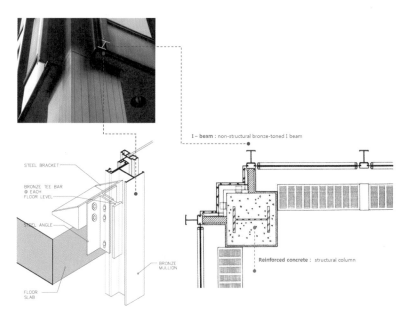

오늘날에도 시그램이 경쾌해 보이는 이유는 건물의 코너 디테일 덕분이다. 코너에 있는 기둥 앞으로 유리가 지나가도록 했다. 유리 외장이 코너 기둥에서 직각으로 모아지지 않고, 끊어져서 유리 외장이 허공에 떠 있는 효과를 완성했다. 유리 외장의 가벼움은 유리를 붙잡고 있는 틀 앞에 I자 형강을 붙여 효과를 강화했다. 오늘날에는 많이 하는 디테일이지만, 당시에는 숱한 추종자를 만들었다. 미국 건축가들은 이를 '네거티브 디테일'이라 불렀다. 즉, 코너가 닫히지 않고 열려 있다는 뜻이다.

유리 로비 중앙에 너무 길어서 더욱 얇아 보이는 강철판 캐노피가 입구 천장을 구성한다. 캐노피 가장자리에는 원형 조명을 촘촘히 박았다. 엘리베이터 홀 대리석 벽면 에지에도 간접광을 촘촘히 박았다. 저녁에는 조명이 대리석 벽면을 쓸어내리게 했고, 캐노피 에지를 들어 올리게 했다. 그로 인해 마천루는 가벼워졌고, 로비는 투명성이 도드라졌다.

MIT 건축학과와 예일대 건축학과 대학원에서 수학하고 시카고 건축계 대부가 된 건축가 스탠리 타이거맨(Stanley Tigerman)은 "미스가 손대는 것은 무엇이든 금(Gold)이 된다"라고 말했다. 시그램 앞에서 이 말에 대한 의구심은 사라진다. 미스가 만진 철은 금이 되었고, 미스가 만진 유리는 금이 되었고, 미스가 만진 돌은 금이 되었다. 값싼 산업 재료들이 미스의 손으로 귀해졌다.

레버와 시그램은 파크 애비뉴에서 서로 대각선으로 마주보고 있다. 두 마천루로 파크 애비뉴와 53번 스트리트의 교차로는 모더니즘 추종자들의 성지순례 코스가 되었다. 레버 빌딩과 시그램 빌딩은 지울 수 없는 유리 마천루의 원조가 되었다.

분샤프트는 미스의 추종자였다. 레버는 수작이지만, 시그램은 걸작이다. 미스의 맨해튼 마천루가 파크 애비뉴에 새로운 수준의 미학을 열어주었다. 뉴요커들의 눈높이를 한 차원 올려놓았고, 세계인의 발걸음이 이곳으로 끊이지 않고 이어지도록 했다.

제이피 모건 체이스
빌딩

맨해튼 마천루사에는 횃불과 같이 활활 타오르는 순간이 두 번 있었다. 바로 1920~30년대와 1950~60년대다. 첫 번째가 1차 세계대전 승전이 만든 불꽃이었다면, 두 번째는 2차 세계대전 승전이 만든 불꽃이었다. 경기는 호황이었고, 마천루 건설은 붐을 이루었다.

처음에는 단순히 유럽 각국에 전쟁 자금을 빌려주던 미국이 나중에는 세계대전 참전국이 되었다. 독일과 일본은 미국의 돈과 무기 생산 능력에 놀랐다. 히틀러의 건축가였던 알버트 스피어는 "우리의 패인은 분초 단위로 무기를 생산해 내는 미국의 시스템이다"라고 말했다. 연합군은 미국의 개입으로 극적으로 승리했다. 승전 후, 미국은 패권 나라가 되었고, 맨해튼은 패권 도시가 되었다.

전쟁터에서 돌아온 군인들은 생지옥을 앞에 두고 겨우 살아 돌아왔으므로 삶에 대한 애착이 대단했다. 주택 붐이 일었고, 저마다 자가용을 샀다. 도시는 급증하는 차로 고속도로와 고가도로가 대세였다. 대기업들은 스타 건축가를 고용해 본사 마천루 짓기에 분주했다.

미국은 승전으로 유럽 사대주의에서 벗어났는데, 이는 건축도 마찬가지였다. 초기 맨해튼 마천루가 유럽 사대주의로 외장은 유럽 전통을 따랐다면, 전쟁 후 맨해튼 마천루는 미국적 합리주의와 효율성을 개념화하여 세계에 전파하려 했다. 미국 건축은 비로소 세계적인 양식 또는 국제적인 양식이 되었다.

사실 유럽식 돌 외장 마천루는 평당 임대료 대비 마천루 제작비가

극히 비쌌다. 돌 장식은 모두 수공예로 해야 했고, 창문도 작았고, 벽 두께가 두꺼워 임대 면적을 벽체 면적으로 잃었다. 효율과 실용을 중시하는 뉴요커들이 받아들일 수 없는 경제성이었다.

1950년대 처음 등장한 전면 유리 외장은 돌에 비해 가격이 쌌고, 공장에서 대량 생산이 가능했고, 창문은 컸고, 벽 두께는 얇아져 임대 면적이 늘었다. 맨해튼 유대인들은 새로운 이미지를 만들어 제품을 팔고자 했다. 이들은 자신의 마천루를 투명 마천루, 유리 마천루, 수정체라 불렀다. 실제적인 이유는 임대 수익 증가였지만, 겉으로는 새로운 미학 슬로건을 내세웠다.

파크 애비뉴의 관문인 헴슬리 빌딩을 나와 만나게 되는 첫 유리 마천루가 바로 제이피 모건 체이스(J.P. Morgan Chase)이다. 헴슬리 빌딩은 그랜드 센트럴 스테이션 기차역의 실질적인 운영자인 밴더빌트 가문의 철도회사 맨해튼센트럴 본사 마천루로 지어졌다. 헴슬리 빌딩이 돌 마천루라면, 제이피 모건 체이스 본사 건물은 유리 마천루이다.

제이피 모건 체이스 마천루의 본래 이름은 유니언 카바이드 빌딩(Union Carbide Building)이다. 이를 디자인한 건축회사는 맨해튼 대형 건축회사인 SOM이다. 당시 SOM을 대표하는 디자이너는 골든 분샤프트였다. 분샤프트는 MIT에서 건축을 수학하고, 유럽으로 건축 여

→ 제이피 모건 체이스 본사 마천루. 1961년 뉴욕 SOM이 디자인한 이 건물은 파크 애비뉴의 시그램 빌딩, 레버하우스 빌딩과 함께 1950~60년대 맨해튼 유리 마천루사에 이름을 남겼다. 위 사진을 보면, 헴슬리 빌딩과 제이피 모건 빌딩은 인접해 있다. 아래 사진은 광천장의 모습이다.

행을 떠났다. 훗날 그는 프리츠커 상을 수상했다. 유럽에서 분샤프트는 동문 선배 건축가 레이먼드 후드를 만났다. 당시 후드는 미국 건축계를 주무르는 대형 건축가로 시카고 엑스포의 총괄 건축가였다. 후드는 분샤프트에게 미국으로 돌아오면 자신에게 꼭 연락하라고 당부했다. 뿐만 아니라 분샤프트는 유럽에서 SOM의 수장 스키드무어(Skidmore)도 만났다. 오늘에야 SOM이 세계를 주름잡는 대형 설계 조직이지만, 당시만 해도 스키드무어와 오잉스 단 두 명이 갓 사무실을 열어 운영하던 소규모 아틀리에 조직이었다. 유럽에서 돌아온 분샤프트는 SOM에 합류했고, SOM은 분샤프트의 영입과 맨해튼 마천루 시장의 폭발적인 수요로 순식간에 급성장했다. 자연스럽게 분샤프트의 이름도 함께 상종가를 쳤다.

분샤프트의 마천루는 맨해튼 마천루 정신인 수직성을 외장에서 표현한다. 검은 마천루 외장을 배경으로 은색 띠들이 땅을 박차고 하늘로 치솟는다. 빛을 빨아들이는 흑색 외장이 바탕이 되고, 빛을 차내는 은색 띠들이 마천루의 수직성을 강조한다. 은색 띠는 멀어질수록 철의 겉모습(은빛)을 드러냈고, 가까워질수록 철의 속모습(강함)을 드러냈다. 검은 유리 위로 낮에는 푸른 하늘이 반사하고, 밤에는 내부 조명이 투과한다.

분샤프트는 당대 조각가 도날드 쥬드(Dornald Judd)나 이사무 노구치(Isamu Noguchi)와 협업을 많이 했는데, 나는 현장에서 문득 미니멀리스트 조각가 쥬드가 생각났다. 무엇보다 분샤프트의 스테인리스 스틸의 수직 띠들이 아침 해를 받으며 하늘로 치솟는 외장 모습은 울워스 빌딩의 돌 수직 띠와는 확연히 달랐다. 쥬드가 이전 조각가들이 사용하지 않던 재료를 사용하여 조각의 세계를 새롭게 열었

듯이 분샤프트는 은색 철을 사용하여 새로운 마천루의 세계를 열었
다. 쥬드의 조각물처럼 분샤프트의 마천루는 은빛이 돌고, 강했다.

좌측은 미니멀리스트 조각가 도날드 쥬드의 작품. 우측은 뉴욕에 있는 이사무 노구치 뮤
지엄의 작품들. 분샤프트는 노구치의 돌조각을 마천루 플라자에 자주 썼다.

흑색 마천루
(CBS 마천루)

1965

내 외할아버지는 60세가 되셨을 때, 서울 생활을 정리하고 따뜻한 곳을 찾아 제주도로 가셨다. 서울은 겨울에 춥고, 더 이상 일거리도 없었다. 할아버지가 제주도로 가신 후, 두 분의 적적함을 걱정하신 어머니는 방학만 되면 나와 누나를 제주도로 보냈다. 12년간 방학마다 지속한 이 여행은 나와 누나에게는 친구가 하나도 없는 동네에 가야 하는 일종의 유배였다.

제주도로 내려간 외할머니는 초창기부터 헐값으로 나오는 골동품과 현무암으로 된 돌하르방을 늘 보러 다니셨다. 무엇이 할머니를  오래된 목가구와 검은 돌조각품에 빠지게 했는지는 모를 일이지만, 할머니는 흑색 목가구와 깜장 돌하르방을 늘 귀한 물건 대하듯 쓰다듬으셨다.

훗날 나는 그때 그 흑색 목가구

전통 오동나무 목가구. 목가구의 뚜껑은 산수 문양을 하고 있다. 불에 구운 인두로 지지면, 흑색으로 변한다. 조선 시대 남자들은 사랑방에 흑색의 오동나무 목가구를 두어 독서에 전념하는 지식인이자, 질박한 가구 애호가들이었다.

가 오동나무 가구인 사실을 알았다. 주로 사랑방에 놓였던 오동나무 가구들은 책 읽는 선비의 마음을 흔들지 않기 위해 최대한 장식은 배제되어 있었다.

오동나무 가구는 나무를 잘라 결을 내고, 불에 뜨겁게 달군 인두로 나무 표면을 지진다. 그러면 나무는 불에 타서 흑색이 되고, 가구는 불의 흔적을 지닌 채 오랜 세월을 견딘다. 불과 나무는 상극이지만, 오동나무 가구의 낙동법(인두 지지기)은 상극인 불과 나무를 공존하게 한다.

건축가들은 유독 흑색을 좋아한다. 흑색은 잿빛으로 말하는 색이다. 흑색을 좋아하는 건축가들은 뜨겁다 못해 소멸해버린 열정으로 세상과 소통하는 사람들이다. 이들의 마음은 불이고, 이들의 언어는 불이 지나간 타고 남은 나무다. 건축가들을 빗대어 표현하자면, 화려한 질감으로 소란스런 도시를 견인하는 낙동법이다.

건축가 에로 사리넨은 1965년 6번 애비뉴에 흑색 마천루를 세웠다. 그가 죽기 전에 세운 마지막 작품이자 마천루였다. 건물은 죽음으로 치닫는 건축가로 하여금 온힘을 다해 짙은 언어를 노래하게 했다. 마천루는 하늘을 지향했고, 마천루는 영원의 노래를 불렀다.

마천루 경계에 있는 기둥을 덮는 기둥 덮개들은 한 변이 1.5미터인 삼각형 모티브로 처리되어 바닥에서 꼭대기까지 치솟았다. 삼각형 모서리 효과로 수직적인 띠들은 시각적으로 더 얇아졌다. 띠들의 얇음은 나타났다 사라졌다 했다. 거기에 비례하여 유리에 반사하는

푸른 하늘도 나타났다 사라졌다.

수직적인 띠를 형성하는 돌의 이름은 화강석이다. 사리넨은 자신의 장례식을 예견이라도 했는지 흑색 화강석을 선정했다. 마치 불이 지나간 나무처럼 보이길 원했는지 돌은 아주 까맣다. 화강석과 화강석 사이는 불이 지나간 유리(smoked glass)를 끼웠다.

뉴요커들은 사리넨의 CBS 마천루를 보고, 블랙 록(Black Rock)이라 불렀다. 구약의 벧엘과 신약의 게마를 연상시켰다. 수직적인 외장의 고딕적 메타포는 성경적 별명으로 마천루의 종교성을 높였다. 건축가 사리넨은 결국 준공을 보지 못하고 세상을 떠났고, 건축물의 준공식이 건축가의 영결식이 되었다.

사리넨은 근대 건축의 거장 미스를 존경하면서도, 미스의 시그램 빌딩과는 다른 마천루를 짓고자 했다. 시그램이 땅에서 살짝 떴다면, CBS 빌딩은 땅에 박혔다. 시그램이 브라운 철(브론즈) 외장을 썼다면, CBS는 흑색의 돌 외장을 썼다. 미스는 가볍고자 했고, 사리넨은 무겁고자 했다.

CBS 빌딩이 서 있는 6번 애비뉴는 맨해튼에서 마천루 애비뉴로 유명하다. 1930~40년대 록펠러 센터를 1차 완공한 록펠러 가문은 1960~70년대에 록펠러 센터를 6번 애비뉴로 확장하면서 4동의 초고층 마천루를 지었다. 그러면서 6번 애비뉴는 '마천루 협곡'이 되었다. 특히 CBS가 있는 곳은 동쪽으로 록펠러 센터(5번 애비뉴)가 있고, 서쪽으로 타임스 스퀘어(7번 애비뉴)라는 화려하고 번화한 광장이 있는 곳 사이이기 때문에 사리넨의 침묵적 열정이 더 빛을 발한다.

사리넨은 51세로 단명한 천재 건축가였다. 그는 맨해튼의 TWA 공항 준공도, CBS 마천루의 준공도 보지 못했고 건축계는 이를 크게 애도했다. 비록 사리녠은 떠났지만, 낙동법이 지나간 그의 마천루는 오늘날에도 6번 애비뉴에 서 있다.

디자인을 향한 사리녠의 마음은 불이었다. 그는 이 사실을 CBS 마천루에 남겼다. CBS는 마치 불에 지진 나무 같고, 불이고자 한 나무 같다. 나무와 불의 공존은 낙동법에서 가능했고, 사리녠의 디자인에서 가능했다.

LATE MODERNISM
SKYSCRAPER PERIOD
1965-1975
후기 모더니즘 마천루 시대

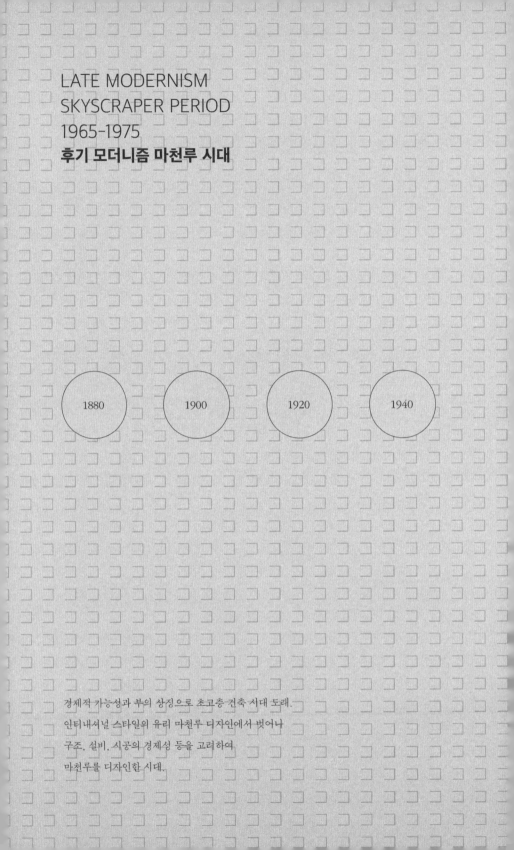

1880   1900   1920   1940

경제적 가능성과 부의 상징으로 초고층 건축 시대 도래.
인터내셔널 스타일의 유리 마천루 디자인에서 벗어나
구조, 설비, 시공의 경제성 등을 고려하여
마천루를 디자인한 시대.

5

1965　　**1970**　　**1975**　　1980

포드 재단 빌딩
GM 빌딩
록펠러의 마천루들 : XYZ 빌딩과 타임-라이프 빌딩

포드 재단
빌딩

네 번째로 프리츠커 상을 받은 건축가는 케빈 로쉬(Kevin Roche)였다. 그는 아일랜드 출신 건축가로 더블린에서 건축 학사 학위를 받고 더 큰 세상에서 꿈을 펼치고자 미국으로 갔다. 남다른 재능과 명석한 두뇌로 로쉬는 하버드 대학과 예일 대학, 그리고 시카고의 IIT(일리노이공과대학)로부터 입학 허가를 받았다. 하버드와 예일은 이름난 대학들이었고, IIT는 근대 건축의 거장 미스 반 데어 로에가 있는 대학이었다. 로쉬는 명문보다 명장을 찾아 시카고로 갔다.

졸업 후 로쉬는 건축가 사리넨 밑에서 일했다. 그는 거기서 11년의 세월을 보냈다. 당시 사리넨 사무실은 총망 받는 미래 건축가들이 거쳐 가야 하는 일순위 장소였다. 로쉬가 있을 당시 사무실에는 시저 펠리(César Pelli), 존 딩켈루(John Dinkeloo)가 있었다. 시저 펠리는 훗날 쟁쟁한 맨해튼 마천루 건축가로 성장했고, 존 딩켈루는 로쉬와 함께 건축사무소를 차렸다. 사리넨은 해가 거듭될수록 로쉬에게 의지했다. 사리넨은 로쉬와 건축뿐만 아니라 철학과 예술로 대화의 지평을 넓혀갔다.

나는 학생들에게 로쉬에 대한 설명을 해줄 때마다 젊었을 적 로쉬의 도전적인 태도를 본받으라고 한다. 아일랜드에서 충분히 건축 교육을 받았음에도 불구하고 더 나은 기회가 있을 것이라 믿고 유학을 가려고 하는 로쉬의 마음가짐과, 학교를 선정함에 있어서 평판보다 실력을 중시한 로쉬의 결단과 연일 지속되는 야근으로 육체적으로 감내하기 힘든 사리넨 아틀리에에서 무려 11년이라는 긴 세월 동안 건축이라는 한 우물을 판 로쉬의 투지를 배우라고 한다.

미스는 '근대 건축의 거장'이라는 칭호에 걸맞게 관점이 체계적이고 규칙적이었다. 호불호가 분명했고, 흑백이 확실했다. 반면 사리넨은 미스를 넘어서고자 하는 2세대 건축가였다. 사리넨은 새로운 생각으로 근대 문법을 넘고자 했다. 사리넨의 관점은 개방적이고 탄력적이었다. 로쉬는 미스에게 확신을 배웠고, 사리넨에게 탄력을 배웠다.

포드 재단이 맨해튼에 들어설 당시 뉴욕 마천루 건축계는 떠들썩했다. 파크 애비뉴 레버와 시그램 빌딩 때문이었다. 맨해튼에는 이를 시작으로 유리 박스 마천루들이 우후죽순 생겼다. 로쉬는 미스의

42번 스트리트에서 바라보는 포드 재단. 뒤로 크라이슬러 빌딩의 첨탑과 브라이언트 공원에 있는 뱅크 오브 아메리카 첨탑이 보인다. ⓒ이중원

제자였지만, 동일한 평면이 1층부터 38층까지 적층되며 기계적으로 마천루를 만드는 방식에 대해서는 의문부호를 던졌다. 로쉬는 미스식 아류 마천루들이 사용자의 요구 사항에 대해 배타적인 점을 간파했다. 미스의 추종자들은 건축에 이념을 새겼고, 반면에 로쉬는 사람이 먼저라고 주장했다. 로쉬는 이념이 아무리 숭고하고 아름답다 하더라도 사용자의 희생을 강요할 수는 없다고 믿었다. 로쉬는 사람과 사람을, 또 사람과 자연을 엮어주고 싶어 했다. 이처럼 로쉬는 추상보다 관계를 앞세웠다.

그래서 로쉬는 포드 재단 정중앙을 비워 유리로 감싸인 정원을 만들었다. 로쉬는 미스의 차가운 외부 대리석 플라자보다 자신의 따스한 내부 식물 정원이 사람들의 관계를 증진시키고, 사용자가 느낄 쾌적함도 높인다고 믿었다.

미스의 관점과 대립하는 관점은 또 있었다. 시그램이 주변에 상관

오른쪽 사진은 포드 재단 건물 내의 정원 아트리움이다. 건물 내 조경 공간으로 이만한 크기를 주는 것은 1966년 당시로는 획기적인 사건이었다. 왼쪽 사진은 아트리움의 단면도와 다이어그램이다. 단면도의 우측이 43번 스트리트이고, 좌측이 42번 스트리트이다. 43번 스트리트 해발고도가 42번 스트리트 해발고도보다 높다. 포드 재단의 아드리움은 서로 다른 높이의 도로를 내부에서 끌어준다. 보행 방문자는 42번 스트리트 입구로 들어와 바로 실내 조경을 만나고, 차량 방문자는 43번 스트리트 입구로 들어와 높은 지점에서 한눈에 조경의 전모를 볼 수 있다.

없이 대지에 이상적인 외부 광장과 층간 단절된 오피스 건축을 조성했다면, 포드 재단은 주변 조건에 반응하는 현실적인 내부 조경 광장과 층간 소통하는 오피스 건축을 세웠다.

포드 재단 건물은 주변 대지 조건에도 적극적으로 대응하고 있다. 포드 재단이 있는 지역의 43번 스트리트 해발고도는 42번 스트리트 해발고도보다 약 2개 층 정도 더 높다. 그리고 포드 재단 동측 도로면 해발고도는 모두 43번 스트리트에 맞춰져 있다.

또한 포드 재단 주변으로는 차량 일방통행제가 복잡하게 얽혀 있다. 로쉬는 차를 타고 오는 재단의 중요한 손님들이 두 블록에 걸쳐 반시계 방향으로 돌아야 하는 차량 동선에 따라 건물의 모습이 다이내믹하게 전개되도록 디자인했다.

보스턴에 있을 때, 나는 맨해튼에 가기 전에 빌 테큐 할아버지 자리로 찾아가 책에는 잘 나오지 않지만 건축가라면 꼭 봐야 하는 건축물들의 이름을 묻곤 했다. 할아버지는 감질나게 한 번에 하나씩만 알려줬다. 그렇게 해서 알게 된 건물이 포드 재단이었다. 할아버지의 안목은 한 번도 나를 실망시킨 적이 없었다.

직선을 좋아하는 건축가가 있는가 하면, 곡선을 좋아하는 건축가가 있고, 절제를 좋아하는 건축가가 있는가 하면, 호사를 좋아하는 건축가가 있다. 할아버지는 직선을 좋아했고, 절제를 좋아했다. 할아버지는 비록 세상이 인정해 주는 스타 건축가는 아니지만, 자신에게 주어진 역할을 묵묵히 수행하는 분이었다. 아마 미국 건축 사무소들이 건실한 건축물을 만들 수 있는 이유는 빌 테큐 할아버지 같은 경험이 풍부하고 연세 있는 정밀한 건축가들이 60명 규모 건축 사무소에 최소 5~6명 정도는 포진하고 있어서 그렇다.

할아버지는 나보고 포드 재단에 가서 건축의 과묵함과 질박함을 보고 오라고 하셨다. 그리고 물소리 나는 나무들 사이에 앉아 유리 천장을 바라보라고 하셨다. 나는 떠나기 전에 물었다.

"빌, 포드 재단의 건축가는 누구죠?"

"케빈 로쉬."

로쉬라는 말을 듣고 자못 실망하며 대꾸했다.

"난 케빈 로쉬의 건물을 보고 한 번도 들뜬 적이 없는데……."

"이번에는 다를 걸. MET의 이집트관과 포드 재단이 로쉬의 최고 작품이야."

현장에 도착한 나는 로쉬가 쓴 돌의 두께에 압도되었다. 우리나라에도 화강석 건물은 많지만 대부분이 엄지손톱보다도 얇은 두께로 돌판이라기보다는 대부분 돌 타일 같았다. 서울 건물 화강석 외장들은 돌의 얇음을 건물의 코너를 돌면서 여지없이 드러냈다. 이에 비해 포드 재단은 코너에서 두툼한 돌의 두께를 노출했다. 도대체 로쉬는 왜 이렇게 두꺼운 돌로 포드 재단을 지었을까? 그는 두꺼운 화강석이 무거워서 시공하기 힘들고, 콘크리트 내력벽에 붙들어 매달기도 힘들다는 사실을 몰랐을까? 그럼에도 불구하고 그는 두꺼운 돌의 사용으로 무엇을 얻으려고 했을까? 짓고 부수고, 다시 짓고 부수고 하는 건축물로 가득한 도시에 로쉬가 세우려고 한 것은 무엇이었을까? 시간의 흐름에 따라 풍화되는 속성에 역행하여 그가 포드 재단을 통해 도시에 세우고자 한 것은 바람에 잘 마모되지 않은 돌의 밀도가 아니었을까? 파크 애비뉴에서 본 수직통로가 레버하우스 빌딩 유리의 가벼움으로 시간을 스쳐가려 했다면, 42번 스트리트에서 로쉬는 포드 재단 돌의 무거움으로 시간을 붙잡으려고 하지는 않았을까?

로쉬는 그리스 로마 시대에나 사용했을 법한 두꺼운 화강석을 외장재에 사용하는 데만 멈추지 않고 내부 깊숙이 끌고 들어왔다. 내부의 돌은 얇아도 됐을 텐데, 로쉬는 두꺼운 돌로 내부 마감도 했다. 그 결과 돌의 두툼함은 안팎을 이었다.

나는 로쉬의 과묵함과 무게감을 사우스다코타(South Dakota) 산 화강석을 통해 보았다.

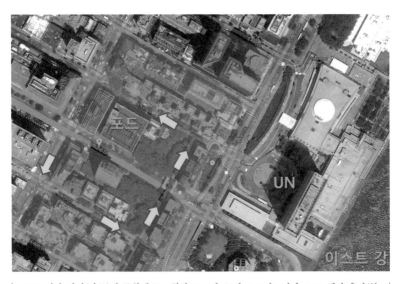

포드 재단 전면(남쪽)에 주황색으로 칠한 도로가 42번 스트리트이다. 포드 재단 후면(북쪽)에 있는 도로가 43번 스트리트이다. 포드 재단 서쪽으로 있는 도로가 2번 애비뉴이고, 동쪽으로 있는 도로가 튜더 시티 플레이스 도로다. 사진의 파란색으로 칠해진 부분이 동쪽 맨해튼의 튜더 시티(Tudor City) 주거지이다. 포드 재단은 튜더 시티에 둘러싸여 있다. 포드 재단 서측으로 크라이슬러 빌딩이 있고, 동측으로 UN 빌딩이 있다. 케빈 로쉬는 UN 플라자(사진의 붉은색 부분)도 디자인 했다. 로쉬는 북측에 차량을 위한 입구를 두었고, 남측에 사람을 위한 입구를 두었다. 사진에 보이는 화살표 방향처럼 주변 도로들이 일방통행이라 포드 재단 입구에 차량으로 접근하기 위해서는 반드시 화살표 모양같이 반시계 방향으로 한 바퀴 돌아야 한다. 로쉬는 차량 동선 체계에 의해 변할 건물의 모습을 유념하여 디자인했다.

돌이 끝나는 지점에 철이 시작됐다. 로쉬는 이렇게 말했다. "나는 포드 재단이 엔지니어들이 만드는 19세기 교량 같기를 원했다. 수직적인 교각은 돌이길 원했고, 수평적인 교량 데크는 철이길 원했다. 그리하여 돌 속으로 철이 박히길 원했다." 포드 재단의 철은 파크 애비뉴의 다른 유리 마천루들같이 은빛으로 반짝반짝 빛나지 않았다. 포드 재단의 철은 수명을 다한 것과 같은 녹이 쓴 코르텐스틸(특수강판)이었다. 로쉬는 사물을 반사하는 철의 거울성을 묵직히 눌렀다. 로쉬의 철은 새롭기보다는 질박했다. 코르텐스틸은 스테인레스 스틸의 세련됨도, 크롬의 화려함도 없었지만, 태곳적에 태어나 지금까지 이어온 것 같은 시원(始原)의 빛깔을 간직하고 있었다.

포드 재단이 있는 42번 스트리트는 맨해튼에서 가장 중요한 스트리트에 해당한다. 이 거리는 그랜드 센트럴 스테이션이 들어서면서 번영하기 시작한다. 이곳에는 크라이슬러 빌딩과 포드 재단이 있고, 동쪽 끝에는 UN 빌딩이 있다.

포드 재단은 크라이슬러 빌딩과 UN 빌딩 사이에 있다. 아르데코 양식 마천루를 사랑하는 사람이라면, 크라이슬러 빌딩을 방문할 것이고, 인터내셔널 양식 마천루를 사랑하는 사람이라면 UN 빌딩을 방문할 것이다. 하지만 두 마천루 사이에 있는 두껍고 질박한 포드 재단도 놓치지 말자.

왼쪽 상단 사진은 42번 스트리트에서 바라본 포드 재단의 모습. 우측 상단에 있는 두 개의 흑백 사진은 1966년 포드 재단 시공 당시의 모습이다. 사진에서 보는 바와 같이 로쉬가 쓴 돌의 두께는 몹시 두껍다. 서울에서 지어지는 화강석 건물들은 대개 엄지손톱 두께의 얇은 화강석 판을 붙이는데, 이와는 대조적이다. 하단부에 있는 세부 사진들은 핑크빛 도는 화강석과 구릿빛 도는 코르텐스틸의 모습을 보여준다.(칼라 사진들 ⓒ이종원)

포드 재단 아트리움에서 42번 스트리트를 바라본 모습.
ⓒ이중원

GM 빌딩

센트럴파크 남단에 있는 59번 스트리트는 42번 스트리트와 함께 미드 맨해튼에서 가장 중요한 스트리트다. 59번 스트리트 서쪽 끝에는 타임 워너 센터 마천루(뒤에 소개)가 있고, 동쪽 끝에는 GM 빌딩이 있다. 두 마천루는 짝을 이루며 59번 스트리트를 붙잡아 준다.

GM 빌딩이 있는 5번 애비뉴와 59번 스트리트의 교차점에는 그랜드 아미 플라자(Grand Army Plaza)가 있다. 한때 플라자에는 동상과 근사한 분수가 있었다. 19세기에 고급 주택들이 몰려 있던 이곳은 20세기 초에 개발 압력을 견디지 못했다. 5번 애비뉴의 기념비적인 저택들은 하나둘씩 사라져 갔고, 맨해튼에 관광객들이 몰려오며 새로운 호텔 마천루들이 들어서기 시작했다.

현재 애플 스토어 서쪽 맞은편으로 건축가 헨리 할덴버그(Henry Hardenergh)의 플라자 호텔(1907)을 시작으로, 1926년에는 건축가 슐츠 앤 위버(Schultze & Weaver)가 쉐리-네덜란드 호텔을 세웠고, 1927년에는 건축가 찰스 맥킴이 사보이-플라자 호텔을 세웠다. 하나하나가 보석 같은 마천루로 당대 큰 뉴스거리였고, 그랜드 아미 플라자 일대는 고급 호텔 마천루 지역으로 알려졌다. 30년이라는 세월이 더 흘렀다. 전쟁의 승리로 미국은 호황이었고, 개발 붐은 다시 일었다.

1964년 건축가 맥킴의 수작인 사보이-플라자 호텔을 철거하고, 오피스 마천루를 세우겠다는 발표가 있었다. 건축계는 거장의 걸작을 철거하겠다는 계획안을 듣고 들끓었다. 맥킴의 20세기 최고 걸작인 펜스테이션 기차 역사를 철거한 것도(1964년) 맨해튼 건축계로서

사진은 1933년 센트럴파크에서 그랜드 아미 플라자 근처에 있는 호텔을 찍은 사진이다. 왼쪽에 높은 타워를 가진 호텔이 쉐리-네덜란드 호텔, 중앙이 맥킴의 사보이-플라자 호텔, 오른쪽이 플라자 호텔이다. 사보이-플라자 호텔을 허물고, GM 빌딩이 들어섰다. 센트럴파크 남동쪽 끝에 있는 GM 빌딩 마천루는 북서쪽 끝에 있는 타임 워너 센터 마천루와 짝을 이룬다.

는 분통 터질 노릇이었는데, 아픈 기억이 채 가시기도 전에 또다시 걸작을 아무런 공론 없이 철거한다니 화가 이만저만이 아니었다.

위대한 건축적 유산을 알아보지 못하는 낮은 안목은 도시마다 있는 보편적인 현상이었나 보다. 건축계는 강하게 대응했다. 관록과 역사가 묻어 있는 도심 내 대표적인 호텔 앙상블을 이루는 플라자 일대를 깨는 것이 과연 지당한가 하는 도시적인 관점과 보자르식 건축의 거장 찰스 맥킴의 걸작을 철거하는 것이 온당한가 하는 건축적인 관점이 돈의 논리로 움직이는 시행사의 관점을 공격했다.

수완 좋은 시행사 대표 맥스 라인(Max Rayne)은 세계박람회가 끝났으니, 맨해튼의 관광사업은 하향 곡선을 그릴 것이 뻔하고, 따라서 호텔 장사도 더 이상 재미없을 것이라는 비즈니스 관점과 논리로 사보이-플라자 호텔 철거의 온당함을 주장하며 건축계를 반박했다. 맨해튼은 비즈니스 논리에 손을 들어줬다.

1968년에 들어선 GM 마천루는 오늘날의 관점에서 보면 사보이-플라자 호텔만큼 우아하지만, 철거 발표 당시에는 예견하지 못할 미래의 일이었다. 50층의 GM 빌딩은 모마의 첫 동을 설계한 건축가 에드워드 듀랄 스톤(Edward Durell Stone)이었다.

스톤의 경력은 상당히 독특했다. 그는 빌 클린턴 대통령의 고향이기도 한 아컨소스 주 출신으로 아컨소스 대학 건축과를 졸업했다. 그는 시골 출신과 학벌 콤플렉스를 실력으로 대체하고자 했다.

스톤에게 건축가로서 전환점은 로치 건축기행 장학금(Rotch Traveling Scholarship) 당선이었다. 로치 장학금은 2년간 자유롭게 유럽 건축물을 기행할 수 있게 비용을 지원해 주는 장학금으로 오늘날에도 젊은 미국 건축가들 사이에서 경쟁이 치열한 장학금이다.

로치 장학금 수혜자들은 대개 미국 건축계를 이끄는 건축가로 성장했다. 20세기만 해도 맨해튼 건축계를 주무르던 기라성 같은 건축가 랠프 워커, 월리스 해리슨, 그리고 SOM의 수장 골든 분샤프르가 모두 로치 장학금의 수혜자였다.

이들이 맨해튼 건축계의 눈부신 별들이 될 수 있었던 까닭은 2년간 세계의 걸작들을 직접 만나며 자기 것으로 소화했기 때문이었다. 건축을 머리로 체득한 자와 몸으로 체득한 자는 다르다. 체험을 바탕으로 일어선 건축가들의 건물은 준공 후 들어가 보면 놀라움이 있다. 이들의 건축은 좀처럼 눈에 보이지 않는 것들에 민감하다. 스케일과 비례, 빛에 민감하다.

스톤의 디자인은 곧 맨해튼 사교계를 중심으로 회자되기 시작했다. 스톤에게 기적 같은 기회가 다가왔다. 그는 라디오 시티 뮤직 홀 인테리어 디자인을 성공적으로 이끌면서 넬슨 록펠러의 눈에 들었다. 이것이 계기가 되어 스톤은 모마를 디자인했고, 곧 맨해튼에서 굴지의 건축가가 되었다.

GM 빌딩에서 스톤은 맨해튼 마천루의 정신을 백색 수직 띠로 담고자 했다. 기단부터 뻗어 올라가는 수직 띠들은 맨해튼 마천루의 오래된 유전자로서 고딕적이었고, 아르데코적이었고, 탈근대적이었다. 아래에서 위로 솟는 수직 띠들은 50층으로 솟았다. 백색의 수직 띠에 수평적인 간섭이 없으니 실제보다 더 높고, 날렵해 보였다.

GM 빌딩은 스톤의 첫 번째 마천루였다. 스톤은 언론 인터뷰에서 "나는 시그램 빌딩 이후 맨해튼에 지어진 유리 마천루에 반기를 들고자 한다. 파크 애비뉴에 지어지고 있는 미스 아류의 마천루에 대해 심한 문제의식을 가지고 있다. 마천루는 유리 박스보다는 영원성

을 지향해야 한다고 생각한다"라고 밝혔다. 그러면서 그는 자기의
마천루를 "맨해튼의 가장 우아한 지역인 5번 애비뉴에서 백색 돌 마
천루로 하늘을 향해 경례하고 싶다. 이 마천루가 미래를 지향하고,
동시에 과거와도 소통하길 원한다"라고 설명했다.

스톤이 말하는 영원성은 초창기 시카고 마천루의 돌 외장을 가리
키고 있었다. 스톤이 사용한 백색 대리석과 흑색 유리는 시카고 마천
루 창시자 중에 한 사람인 건축가 르 베론 제니(Le Baron Jenny)가 시

왼쪽 사진은 오늘날 GM 빌딩 모습이고, 오른쪽 사진은 1968년 완공 후의 모습으로 센트
럴파크 호수에서 찍은 사진이다. 맨해튼 비평가들은 GM 빌딩이 센트럴파크 남서쪽 코너
의 역사적 마천루들의 앙상블을 깬다고 개탄했다.

애플 스토어는 GM 빌딩의 돌 수직띠로 유리다움이 더 드러난다. 애플 스토어로 GM 빌딩 전면 광장이 되살아났다. 스톤의 GM 빌딩을 싫어하는 건축가들이 많지만, 개인적으로 나는 꽤나 이 빌딩을 좋아한다. 스톤은 이 빌딩 말고도 시카고 밀레니엄 파크 북쪽에 비슷한 백색 띠 마천루를 세웠다. ⓒ이중원

카고에 세운 맨해튼 빌딩의 외장 재료를 따르고 있었다. 스톤은 시카고 밀레니엄 파크 북쪽 끝단에 GM 빌딩과 동일하게 생긴 백색 마천루를 세웠다. 맨해튼의 건축 비평가들(헉스터블과 골드버거)은 준공 당시 GM 빌딩을 비판했다. 이들 비판의 핵심은 GM 빌딩 자체보다도 GM 빌딩을 얻기 위해 맨해튼이 희생한 건축가 찰스 맥킴의 사보이-플라자 호텔과 그랜드 아미 플라자의 우아함을 잃은 슬픔의 표현이었다.

GM 마천루의 우아함은 1960년대만이 만들 수 있는 하나를 향한 집념이자, 다른 부차적인 것들에 대한 지움이다. 스톤이 GM 빌딩을 통해 달성하고자 했던 꿈은 미스의 유리 박스 마천루에 대한 비판적 대안이었다. 당시에는 지지를 받기 힘들었지만, 오늘날에는 분명한 외침으로 남아 있다. 스톤은 돌 마천루의 가능성을 다시 한 번 열었다. 스톤은 백색 대리석의 수직적인 상승으로 도구화된 맨해튼 유리 마천루 시장에 새로운 바람을 불어넣었다. 그것은 고딕의 정신을 계승한 백색 수직성이었다.

록펠러의 마천루들:
XYZ 빌딩과 타임-라이프 빌딩

6번 애비뉴를 '마천루의 협곡' 또는 '인공의 협곡'이라고 부르게 된 계기는 아마도 XYZ 빌딩 때문일 것이다. 1930~40년대 5번 애비뉴에 19개의 건축물로 록펠러 센터를 완공한 록펠러 가문은 1960년대 세력 확장을 목적으로 6번 애비뉴에 50층 넘는 3개의 마천루를 증축했다. 그중에서 가장 높은 빌딩을 X빌딩(54층, 230미터), 두 번째로 높은 빌딩을 Y빌딩(51층, 205미터), 세 번째로 높은 빌딩을 Z빌딩(45층, 180미터)이라 불렀다. XYZ 마천루는 록펠러 센터의 일부가 되었다.

X빌딩의 정식 명칭은 엑손(Exxon) 빌딩이고, Y빌딩의 정식 명칭은 맥그로-힐(McGraw-Hill) 빌딩이고, Z빌딩의 정식 명칭은 쎌라니스(Celanese) 빌딩이다.

하나의 마천루도 아니고 XYZ 빌딩 모두를 록펠러 집안의 코트 아키텍트인 건축가 월리스 해리슨이 혼자 디자인했다. 건축계에서 해리슨의 위세와 역량은 대단했다. 그는 맨해튼 건축계 대부였다. 그는 단명한 30록의 건축가 레이먼드 후드의 뒤를 이었고, 해리슨의 역할은 건축가 필립 존슨이 다시 이어받았다.

X빌딩은 록펠러 센터 중앙에 있는 GE 빌딩(30록)을 제외하고는 록펠러 센터에서 두 번째로 높은 빌딩이다. 석유 재벌 록펠러는 반독점법(1911) 입법으로 스탠다드 오일 회사를 쪼갰다. 스탠다드 오일은 많은 가지(34개)를 쳤는데, 그중에 큰 아들이 엑손이었다. 엑손은 스탠다드 오일의 또 다른 이름이다. 엑손은 X빌딩에 있다가 텍사스로

옮겨갔다.

Y빌딩 주인은 여전히 맥그로-힐이다. 오늘날 맥그로-힐은 금융업으로 유명하지만, 창업주인 맥그로와 힐은 모두 출판업계의 대표주자들이었다. 둘은 합병하여 거대한 출판회사가 됐다.

XYZ 빌딩 중에서 가장 낮은 Z빌딩의 원래 건물 사용자인 쎌라니스 또한 더 이상 Z빌딩에 머물고 있지 않다. 오늘날에는 호주 출신 미디어 거부 루퍼트 머독(Rupert Murdoch)이 21세기 폭스 앤 뉴스사를 거느리고 들어와 이 건물에 살고 있다.

XYZ는 마천루 트리오가 되어 6번 애비뉴에서 하늘 높은 줄 모르고 치솟았다. 50층에 육박하는 마천루의 높이는 좁은 인도 폭 때문에 실제보다 더 높아 보이고, 외장의 수직적인 띠로 마천루의 치솟

록펠러 센터 서쪽에 위치한 XYZ 빌딩과 타임-라이프 빌딩은 록펠러 3세가 아버지 록펠러 2세에 이어 완공했다. 록펠러 센터는 미드 맨해튼의 명물이다. 이처럼 대기업 본사 마천루 군은 도시의 명물이 되어야 하고, 도심 건축을 공공성과 높이로 견인하는 걸작이어야 한다.

는 인상은 아찔할 정도이다.

마천루의 수직적인 띠들은 도저히 땅에서 떨어질 것 같아 보이지 않는 거대한 마천루들을 사뿐하게 한다. 건물의 가느다란 수직 외장 전략이 현악기를 연상시킨다. 마천루의 수직적인 돌띠들은 현악기의 줄처럼 보인다. 마천루 트리오라 현악 3중주를 떠올리게 한다.

XYZ에서 돌은 줄이 되었고, 거리와 전면 광장은 울림통이 되었다. X는 바이올린, Y는 첼로, Z는 비올라이다. 마천루들은 수직적인 돌띠로 팽팽해졌다. 팽팽함은 빛 변화에 따라 소리를 낸다. 소리는 거리와 광장에서 퍼지고 이와 함께 사람들도 웃고 떠든다.

XYZ가 처음 지어졌을 당시에는 모더니즘은 지는 해였고, 포스트모더니즘은 뜨는 해였다. 건축주 록펠러는 XYZ를 보고서 해리슨을 록펠러 코트 아키텍트에서 해임했다. 더 이상 해리슨의 모더니즘 마천루는 대중의 취향이 아니었다. 해리슨의 해임은 인터내셔널 스타일 마천루의 공식적인 마감이었고, 포스트모더니즘 스타일 마천루의 새로운 등단이었다.

하지만, 오늘날 상황은 XYZ 완공 당시 세태와는 또 다르다. 세 마천루 한 동 한 동은 밋밋할지 몰라도 함께 모여 있으니 6번 애비뉴의 훌륭한 배경 마천루가 되어주고 있다. 하나하나가 짙은 화장으로 "날 좀 보소"하고 있지 않고, 함께 뒤로 물러나 배경 역할을 하고 있는 셈이다. 이들의 뒤로 물러남으로써 6번 애비뉴 전체가 5번 애비뉴의 록펠러 센터와 7번 애비뉴 타임스퀘어의 배경 애비뉴가 되었다.

XYZ 빌딩 외에 해리슨이 지은 또 다른 마천루가 있다. 바로 타임-라이프 빌딩(1958년, 48층, 180미터)이다. 해리슨은 록펠러를 위해 타임-라이프 빌딩을 짓고, XYZ 빌딩을 지었다. 해리슨은 15년간 6번 애비뉴에 총 4개의 마천루를 세워 6번 애비뉴를 맨해튼을 대표하는 마천루 협곡으로 바꾸었다.

XYZ가 촘촘한 돌줄로 마천루의 수직성을 강조했다면, 타임-라이프는 돌줄 사이를 넓혀 그 사이에 얇은 철줄을 삽입하여 다양한 재료의 수직성을 꾀했다. 사리넨의 CBS 빌딩도 타임-라이프 바로 위에 있다. 다섯 동의 마천루가 6번 애비뉴의 아찔한 수직성을 완성했다.

XYZ 마천루 아래에는 기막힌 분수가 있다. 6번 애비뉴가 XYZ 마천루 돌띠들이 만드는 인공의 협곡이라면, 그 앞의 분수들은 돌띠들이 엮어내는 빛의 소리로 풍성해지는 마천루 분수 광장들이다. 직장인들은 이곳에서 점심을 먹고 관광객들은 웃고 떠든다. 6번 애비뉴에 들어서서 고개가 뒤로 젖혀지는 이유는 XYZ 때문이고, 이곳에 늘러앉아 샌드위치를 먹는 이유는 분수 때문이다.

→ 맨해튼의 6번 애비뉴 XYZ 빌딩 3동과 타임-라이프 빌딩의 모습(상단 사진)과 X빌딩 아래 분수 모습(하단 사진). 1970년대부터 6번 애비뉴는 본격적인 마천루 협곡이 되었다. 이는 맨해튼만이 줄 수 있는 초고층 · 초고밀 문화다. ⓒ이중원

PRE-POSTMODERNISM
SKYSCRAPER PERIOD
1970-1980
포스트모더니즘 전조
마천루 시대

1880	1900	1920	1940

마천루 형태의 인체 비유.
추상적인 삼단 구성법의
마천루 도래.

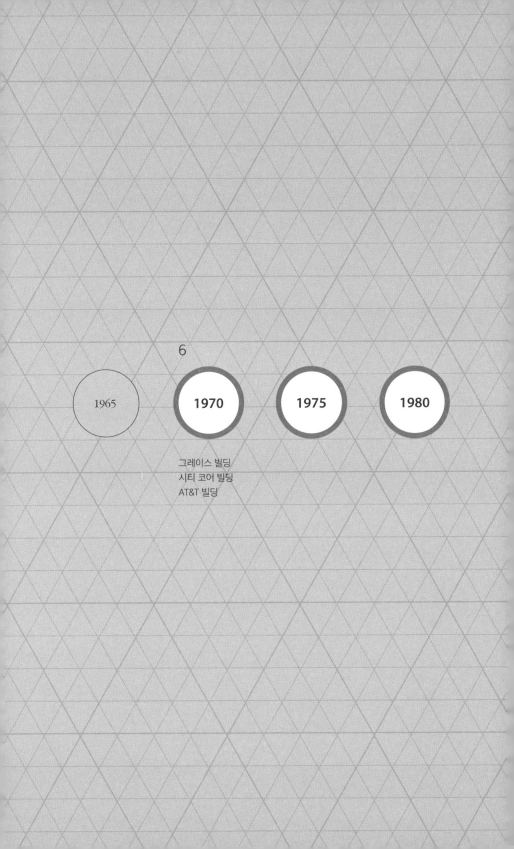

6

1965

1970

1975

1980

그레이스 빌딩
시티 코어 빌딩
AT&T 빌딩

그레이스
빌딩

1952년 파크 애비뉴에 레버하우스 빌딩으로 모더니즘의 교리를 쫓
은 건축가 골든 분샤프트는 1973년 그레이스 빌딩으로 모더니즘의
교리들을 비껴갔다. 분샤프트는 초기에 미스식 모더니즘 교리를 철
저히 좇았지만, 후반기에 가서는 미스식 마천루가 상징성과 운동성
이 없다고 생각했다. 분샤프트는 그레이스 빌딩을 시작으로 마천루
에서 새로운 상징성과 운동성을 찾기 시작했다.

분샤프트는 미스의 시그램 빌딩처럼 마천루를 대지 경계선에서
세트-백 시켜 똑바로 마천루를 올리지 않고, 그렇다고 절충주의 시
대 마천루처럼 각진 웨딩케이크형 마천루처럼 올리지도 않았다. 47
층의 이 마천루는 분샤프트 특유의 미니멀한 박스형 마천루에서 벗
어나 하늘에서 땅으로 떨어질수록 유연하게 곡선을 그리며 폭이 넓
어졌다. 이는 모더니즘의 교리도 피했고, 동시에 웨딩케이크형 마천
루도 피한 새로운 디자인이었다.

건물은 로비층에서 19층까지 곡선을 그리다가 직선으로 뻗었다.
건물의 유연한 볼륨은 트래버틴 대리석 외장으로 처리했고, 유리창

→ 브라이언트 파크 북쪽 필지에 위치한 그레이스 빌딩은 6번 애비뉴와 42번 스트리트가
교차하는 모퉁이에 있다. 건축가 골든 분샤프트는 아래로 올수록 살짝 곡선을 그리도록
저층부를 디자인했다. 하단 사진을 보면, 나무가 있는 곳이 브라이언트 파크이고, 사진 전
면에 보이는 금색 첨탑의 마천루가 건축가 레이먼드 후드가 디자인한 레이디에이터 빌딩
마천루다. 레이디에이터는 맨해튼 최초의 아르데코 양식 마천루였다.

은 짙은 구리 빛을 가지도록 처리했다. 마천루의 곡면처리로 운동성이 돌아왔고, 골조의 정직성보다 껍질의 표현성의 강조로 마천루의 상징성이 돌아왔다.

분샤프트가 그레이스 빌딩 마천루에서 놓친 점도 분명 있었다. 그것은 로비층을 너무 낮게 한 데 있다. 옆 건물에 비해서는 높은 편이지만, 저층부를 곡면으로 처리해서 낮아 보이는 착시를 보정해 줄 수 있는 높이여야 한다. 만약 그랬다면 지금보다 훨씬 건물이 가벼워 보였을 것이고, 42번 스트리트에서도 훨씬 서 있고 싶은 처마 공간을 제공했을 것이다.

오늘날 그레이스 빌딩은 브라이언트 파크와 마주하여 곡면으로 두드러진 존재감을 과시한다. 치마처럼 펼쳐지는 저층부는 분명 모더니즘 마천루도 아니고, 그렇다고 필립 존슨이 AT&T 빌딩에서 보여준 포스트모더니즘 전조 마천루도 아니다. 그레이스 빌딩은 당시로는 획기적인 곡면의 마천루이다. 이는 앞으로 다가올 21세기 첨단 마천루들이 추구할 부드러운 곡면 마천루들을 미리 보여 주는 마천루이다.

시티 코어
빌딩

시티 코어 마천루는 렉싱턴 애비뉴에 있다. 시티 코어는 레버하우스, 시그램 빌딩과 아주 인접해 있어서 파크 애비뉴에 있다고 착각하기 쉽다. 시티 코어는 레버와 시그램에 던지는 또 다른 도전장 같은 마천루였다. 시티 코어는 1977년 보스턴 건축가 휴 스터빈스(Hugh Stubbins)가 완공했다.

1968년 시티 코어 개발업자는 마땅한 대지를 찾다가 성 베드로 교회를 찾아갔다. 땅 한 모퉁이에는 교회 건물이 있었다. 교회 건물은 1903년부터 그 자리에 있었다. 당시 담임목사였던 랠프 피터슨(Ralph Peterson) 목사는 젊고 유능했다. 그는 젊은이들에게 다가가고, 도시 안으로 들어가고자 했다. 그의 탁월한 리더십으로 새로운 젊은이들이 교회로 많이 몰렸다. 개발업자의 제안을 들은 피터슨 목사는 돈보다는 사람들이 먼저라고 판단하여 대지 매매 요청을 거절했다.

개발업자는 새 마천루의 주인을 먼저 찾기로 생각하고 시티 코어 은행을 찾아갔다. 당시 시티 코어 은행의 경쟁 은행은 체이스 맨해튼(Chase Manhattan)이었다. 체이스 맨해튼은 근사한 본사 마천루로 이사한 상태였는데, 시티 코어는 아직 마땅한 본사 마천루가 없었다. 바로 시티 코어는 개발업자의 제안을 수락했고, 개발업자는 시티 코어 측에 피터슨 목사를 설득해 줄 것을 요청했다.

시티 코어는 교회 매매 조건을 새롭게 제시했다. 시티 코어가 제시한 조건은 기존 교회의 건물 값으로 9백만 달러를 지불할 뿐만 아

맨 위의 4개 사진은 시그램 빌딩 앞에서부터 시티 코어를 향해 걸어가며 찍은 사진이다. 가운데 사진은 시티 코어의 삼각형 꼭대기이고, 아래 사진은 시티 코어의 저층부 사진이다. 4개의 다리가 보이고, 왼쪽 코너에 성 베드로 교회당이 보인다. 시티 코어는 열려 있는 저층부로 각별한 도시 광장을 연출한다. ©이중원

니라, 새로 짓는 마천루 아래에 1,100평 규모의 새 교회를 지어 주겠다는 것이었다. 파격적인 거래 조건에 교회도 제안을 수락했다.

1973년 드디어 마천루 개발에 필요한 모든 땅과 자금을 확보할 수 있었다. 토지 정리 금액으로 사용한 금액은 약 4천만 달러로 당시로는 천문학적인 금액이었다. 건물 높이는 59층이었고, 공사비는 1억 2천 8백만 달러였다. 이제껏 스터빈스가 건축한 건물 중 최대 규모였다.

건축가 스터빈스는 시티 코어 은행의 부회장 헨리 뮬러(Henry Muller)에게 편지 한 통을 보냈다. "오늘날 맨해튼 마천루들은 자기도취에 빠진 기계들입니다. 저는 시티 코어의 비전에 따라 사람과 사회를 배려하는 마천루를 지어 새로운 시대를 열고자 합니다." 부회장은 공공을 생각하는 스터빈스의 편지에 크게 감동하여 그에게 디자인 전권을 위임했다. 동시에 시민들의 지하철 환승을 원활히 할 수 있는 선큰가든도 포함시켜 주었다. 폭포수 내리는 시티 코어의 선큰가든은 그렇게 탄생했다.

성 베드로 교회의 신축 건물을 짓기 위해 마천루의 저층부는 비워야 했다. 시티 코어는 지상에서 275미터 올라가는 당시로는 전 세계에서 7번째로 높은 마천루였다. 새 마천루는 10층 높이의 다리를 4개 가져 저층부를 비웠다. 다리 하나의 크기는 가로, 세로가 8미터였고, 높이는 무려 33미터였다. 구조적 도전은 4개의 다리를 코너에 두지 않고 사각형 변의 중심에 둔 점이었다.

시티 코어 마천루의 포인트는 꼭대기였다. 오늘날에야 시티 코어의 삼각형 꼭대기가 랜드마크이지만, 지어질 당시에는 논쟁거리였다. 맨해튼 모더니즘 양식 마천루의 트렌드는 꼭대기가 네모 반듯해

야 했다. 모더니즘 시대 이전에나 뾰족한 첨탑으로 마천루의 머리를
완성했다.

대세의 흐름에 저항이라도 하듯, 아니면 더 이상 모더니즘의 어휘
는 유효하지 않다고 선언이라도 하듯, 시티 코어 꼭대기는 삼각형이
었다. 스터빈스는 45도 각도로 48미터나 솟는 직각 삼각형 왕관을
시티 코어에 씌웠다. 저층부 4개 다리에서 시작한 마천루의 다이내
믹한 모습은 삼각형 머리의 운동성으로 끝났다. 과거를 함의하고 있
으면서, 동시에 미래를 지향한다.

시티 코어에 대한 찬반은 건축 전문 비평가들 사이에서도 두 갈래
로 나뉘었다. 뉴욕타임스 비평가 루이 헉스터블은 "과연 이 마천루
가 맨해튼에 어울리는 마천루인지 의문이다. 경사진 꼭대기는 차마
눈뜨고 볼 수 없다"라고 시티 코어를 폄하했다. 모더니스트다운 비

왼쪽 그림은 시티 코어 계획 당시의 선큰 플라자 투시도이고, 가운데 그림은 시티 코어의
입면도, 오른쪽 사진은 시공 당시의 사진이다. 외장이 없는 상층 부분을 보면 V자형 횡압
력 버팀재(Cheveron Bracing)가 보인다.

평이었다.

반면, 포스트모더니즘 계열 건축 비평가 폴 골드버거는 "미국의 다른 도시들은 이미 유리 마천루에서 탈피했는데 유독 맨해튼만 지나간 마천루 양식을 붙들고 있었다. 시티 코어로 비로소 맨해튼에 새로운 가능성이 다시 열렸다"라고 시티 코어를 예찬했다.

시티 코어를 시작으로 네모 반듯한 마천루의 머리 시대는 지나갔다. 모더니즘 이전 시기같이 마천루의 머리를 다양한 형태로 실험했다. 시티 코어는 모더니즘 계열의 유리 마천루가 아니었고, 필립 존슨이 AT&T 타워에 사용한 과거 양식을 이미지로서 도용한 복고풍 포스트모더니즘도 아니었다.

시티 코어는 키높이 구두를 신고 있는 마천루이다. 시티 코어는 꼬깔콘 모자를 쓰고 있는 마천루이다. 거리에서 시티 코어는 가벼워졌고, 하늘에서 시티 코어는 날렵했다. 시티 코어는 뾰족한 머리로 스카이라인을 다시 노래하고, 사뿐히 들어올린 다리로 거리를 다시 열었다. 시티 코어는 앞으로 맨해튼에 펼쳐질 마천루 시대의 첫 단추가 되었다.

시티 코어는 이후 전개될 맨해튼 마천루 시장의 작동 원리를 설명하고 있다. 그것은 실용성과 기술 집약성을 앞세우는 태도였다. 엄밀히 말하면, 맨해튼에는 어떤 특정 스타일이나 트렌드가 없다. 그저 끊임없이 변하는 사회에 유연하게 대처하는 새로운 생각과 이를 완성하고야 말겠다는 도전정신이 있을 따름이다.

AT&T
빌딩

1977
|
1984

맨해튼에는 숱한 마천루들이 있지만, 마천루 양식사에서 각 양식을 대표할 만한 대표적인 작품들은 많지 않다. 절충주의 시대를 대표하는 맨해튼 마천루는 플랫아이언 빌딩이고, 아르데코 시대를 대표하는 맨해튼 마천루는 크라이슬러 빌딩이고, 모더니즘 시대를 대표하는 맨해튼 마천루는 시그램 빌딩이다. 그렇다면, 자타가 공인하는 맨해튼(복고풍) 포스트모더니즘 시대를 대표하는 마천루는 무엇일까? 그것은 건축가 필립 존슨이 디자인한 AT&T 빌딩 마천루이다.

20세기 초 주택으로 시작한 당시 건축계의 비주류 모더니스트들은 2차 세계대전 후에 건축계의 주류가 되었다. 대기업과 결탁하여 이들은 1950~60년대에는 유리 박스 형태의 마천루로 도시의 얼굴을 바꿔 나갔다. 1970년대가 되자 모더니즘도 끝났고, 사람들은 반복되는 박스 형태의 유리 마천루에 싫증을 느끼기 시작했다. 매끄럽고 밋밋한 유리 마천루보다 절충주의 시대의 거칠고 울퉁불퉁한 돌 마천루를 그리워하기 시작했다. 마천루 머리가 다시 뾰족해지길, 마천루의 몸통이 다시 그림자지길 원했다.

미스와 함께 파크 애비뉴의 시그램 빌딩으로 모더니즘 마천루 시대를 천명했던 뉴욕 건축계의 대부 필립 존슨은 이제 AT&T 빌딩을 통해(복고풍) 포스트모더니즘 마천루 시대를 열고자 했다. 시그램은 과거를 마천루 양식에서 밀어냈고, AT&T는 다시 역사를 끌어안았다. 시그램 빌딩이 철저히 철골 구조 논리를 밖으로 드러냈다면,

AT&T 빌딩은 골조를 핑크색 화강석 외장 안으로 숨겼다. 마천루의 역사적 수사를 기술적 정직보다 앞세웠다. 뿐만 아니라, 존슨은 20세기 초 절충주의 시대 마천루들처럼 AT&T 빌딩에서 '머리-몸통-다리' 3단 구성법을 택했다.

존슨은 의도적으로 마천루 '머리'에 그리스 신전을 연상시키는 삼각형 페디먼트를 세웠다. 존슨의 장난기 또한 발동했다. 그는 직경 10미터나 되는 원으로 삼각형의 꼭지점을 땄다. 여지껏 맨해튼이 보

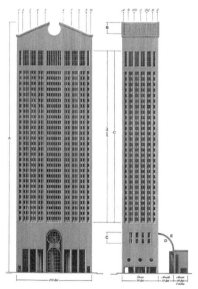

매디슨 애비뉴에서 보면 AT&T 빌딩의 정면이 보이고, 필지 북쪽에 있는 56번 스트리트에서 보면 AT&T 빌딩의 측면이 보인다. 오른쪽 사진은 정면 아치 입구의 상세 사진이다. 창틀 주위를 원형으로 볼록하게 한 점은 보스턴 건축가 헨리 리차드슨의 아치 디테일과 비슷하며, 이는 기본적으로 로마네스크 양식이었다. AT&T는 56번 스트리트를 경계로 북으로 IBM 사옥 마천루(1983, 건축가 에드워드 반스)와 마주하고 있다. 두 마천루는 맨해튼에서 '레이건(1980년대 미국 대통령) 시대'를 대표하는 마천루로 유명하다. 1978년 《뉴욕타임스》에서 AT&T와 IBM 사옥 마천루가 들어설 것이라는 기사를 냈을 때, 맨해튼은 오랜 불황기의 터널을 나오는 도시답게 이 뉴스를 반겼다. ⓒ이중원

지 못한 하늘을 향한 농담이었다. 헉스터블 같은 일원론자는 존슨의 짓궂은 농담에 코웃음을 쳤지만, 골드버거 같은 다원론자는 존슨의 시대를 앞서가는 재치에 갈채를 보냈다.

마천루 '몸통'의 건물 외장은 전면 유리를 버리고 화강석을 입혔다. 창 경계는 양각한 돌로 처리하여, 창틀을 따라 짙은 그림자가 마천루에서 부활했다. 화강석 패널의 크기는 의도적으로 크게 하여 패널과 패널 사이의 줄눈이 로마시대 돌 건축물처럼 웅장해 보이도록 했다.

AT&T 빌딩 로비 입구에는 로마시대 황제의 궁을 연상시키는 거대한(높이 33미터) 아치문이 있다. 아치문은 볼록하게 양각하여 로마네스크 문틀을 연상시킨다. 아치문 양옆으로는 대칭되게 회랑을 만들었다. 회랑의 높이는 18미터였다. 문제는 이 회랑이 어둡고, 자주 바람이 소용돌이쳤다. 건물 뒤편의 상황은 더 심했다. 인접 마천루와 간격이 좁아 돌풍을 일으켰다. 시그램 빌딩이 있는 파크 애비뉴에 비해 AT&T 빌딩이 있는 매디슨 애비뉴는 폭이 좁다.

그래서 AT&T 빌딩은 인도에서 더욱 높아 보이고, 아치문 입구와 회랑은 더욱 과장되게 보인다. 건물과 거리의 관계에 대해 전문가들 사이에서도 찬반 의견이 갈렸다. MIT 건축학과에서 수학한 비평가 마이클 솔킨(Michael Sorkin)은 파크 애비뉴의 시그램 빌딩과 비교하며 "존슨의 AT&T는 매디슨 애비뉴와 전혀 어울리지 않는다. AT&T는 거리에 어둠만 만들었다"라고 혹평했다.

반면, 예일대학 건축학과 빈센트 스컬리 교수는 "존슨은 AT&T를 통해 거리에 새로운 흐름과 이벤트를 부과했고, 잊고 지낸 회랑을 거리에 역사적인 권위를 복원했다"라고 칭찬했다.

1991년 AT&T는 빌딩 전체의 20년간 사용권을 일본 소니(Sony)에 넘겼다. 소니는 건축가 과스메인 시글(Gwathemey Siegel)을 고용해 건물 뒤편에 유리 아케이드를 증축했다. 1994년에 개방한 유리 아케이드 '소니 플라자'는 대중들의 인기를 끌었다. 소니는 유리 아케이드 옆에 4층 높이의 전시실을 마련했고, 시민들이 즐길 수 있는 카페와 레스토랑도 마련했다. 젊은이들은 그곳을 많이 찾았다.

맨해튼에서 복고풍 포스트모더니즘 마천루 양식은 그리 오래가지 못했다. 미국 건축가들은 디자인의 참조 대상이 역사주의로 흐를수록 유럽 의존적이 될 수밖에 없는 구도를 싫어했다. 복고풍 포스트모더니즘 마천루 양식은 현재는 비주류가 되었다. 포스트모더니즘 마천루 양식은 '역사'를 버리고 '기술'과 '혁신'으로 재무장해서 새로운 형식으로 맨해튼 마천루 시장을 견인했다.

POST MODERNISM
SKYSCRAPER PERIOD
1980-현재
포스트모더니즘 마천루 시대

1880 1900 1920 1940

복고주의로 시작하여
네오 모던, 부드러운 형태의
마천루와 새로운 장식적인
마천루 대두

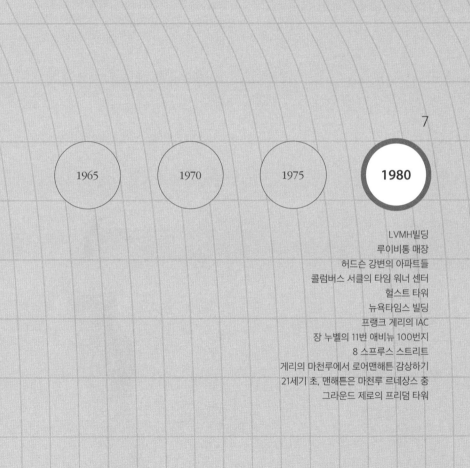

1965

1970

1975

1980

LVMH
빌딩

루이비통 매장에서 57번 스트리트를 따라 동쪽으로 걸어가면, 매디슨 애비뉴와 만나는 코너에 LVMH 빌딩이 있다. 매디슨 애비뉴의 명품 숍들은 LVMH 빌딩이 있는 코너에서 시작하여 80번 스트리트까지 뻗어 올라간다.

　LVMH(Louis Vuitton Moet Hennessy)는 루이비통, 디오르, 마크제이콥스 등 최고급 패션 브랜드와 헤네시(코냑), 쥬얼리, 화장품, 시계 등 60여 개의 최고급 상품 브랜드를 보유한 큰 기업이다. LVMH는 프리츠커 상을 수상한 프랑스 건축가 크리스티앙 드 포잠박에게 설계를 의뢰했다.

　포잠박은 세 가지 목표를 가지고 디자인에 임했다. 첫째 밋밋하게 흘러가는 가로에 특별한 간섭을 하고자 했다. 둘째 웨딩 케이크형 건물 모양을 하게 만드는 조닝법에 참신하게 대응하고자 했다. 셋째 좁고 긴 필지의 한계를 디자인으로 극복하고자 했다.

　포잠박은 건물을 통한 거리의 간섭을 외장으로 날성했다. 그는 다리를 꼰 패션모델의 긴 치마가 접히는 것처럼 외장을 접었다. 포잠박은 외장을 통해 볼륨감과 접히는 부분을 조정했다. 밋밋하게 진행해 오던 다른 건

물들의 외장이 이곳에서 여러 차례 접혔다.

포잠박은 LVMH가 맨해튼 특유의 웨딩케이크 형상의 마천루가 되지 않도록 도로에서부터 5도의 기울기를 주어 볼륨감을 조절했다. 그 결과 빌딩 외장은 삼각형의 모티브로 끊임없이 상승했다.

좁고 긴 세장형 대지의 한계는 내부 프로그램 조율을 통해 조정했다. 한 층에 한 매장만 입점시켜 층당 프로그램을 최소화했다. 저층부는 크리스찬 디오르를 입점시켰고, 상층부는 사무실 공간을 주었고, 꼭대기에는 파티 홀을 마련했다.

유리 외장은 거의 조각품 수준으로 만들어졌다. 외장은 크게 저층

건축가 크리스티앙 드 포잠박은 LVMH 본사 외장을 마치 접혀 있는 긴 치마처럼 디자인했다. 밖으로 접고 안으로 돌린 치마의 모습처럼 본사의 외장을 돌려 접었다. 중앙 사진의 모습은 현재의 모습이고, 우측 사진은 코너까지 증축하고자 하는 LVMH의 의지를 반영한 증축 계획안(1999년)이다.

부와 상층부로 나뉘었는데, 둘이 하나의 연속된 볼륨처럼 읽히도록
처리했다. 저층부는 V자형으로 접었고, 상층부는 저층부의 연속인
것처럼 보이도록 삼각형 면으로 접어 올라갔다. 18미터 건물 폭이
조잡하지 않게 접었다.

　유리의 종류도 다양했다. 볼륨이 튀어나온 동쪽은 옅은 녹색 유리
를 썼고, 볼륨이 깊게 들어간 서쪽은 짙은 녹색 유리를 썼다. 튀어나
오고 말려 들어가는 볼륨의 요철이 색의 변화로 볼륨감이 드러났다.
튀어나온 쪽은 밝은 유리를 사용하여 볼록함을 강조했고, 들어간 쪽

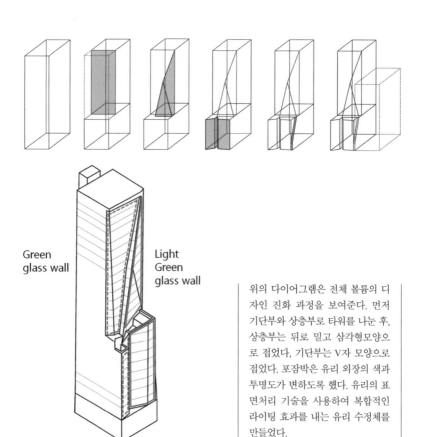

Green
glass wall

Light
Green
glass wall

위의 다이어그램은 전체 볼륨의 디
자인 진화 과정을 보여준다. 먼저
기단부와 상층부로 타워를 나눈 후,
상층부는 뒤로 밀고 삼각형모양으
로 접었다. 기단부는 V자 모양으로
접었다. 포잠박은 유리 외장의 색과
투명도가 변하도록 했다. 유리의 표
면처리 기술을 사용하여 복합적인
라이팅 효과를 내는 유리 수정체를
만들었다.

은 어두운 유리를 사용하여 오목함을 강조했다.

포잠박은 LVMH에서 총 세 종류의 첨단 유리 조합 방식을 소개했다. 첫째, 바깥 유리는 저철분 유리인 백색 유리를 사용했다. 안쪽 유리는 기하학적 패턴이 있는 샌드-블래스트(sand-blast, 유리 표면을 갈아서 그러데이션을 주는 기법) 유리를 사용했다. 둘째, 바깥 저철분 백색 유리와 안쪽 프리팅(fritting, 유리 표면에 색을 입히는 기법) 처리한 녹색 유리를 사용했다. 셋째, 바깥 저철분 백색 유리와 안쪽 일반 투명 유리를 사용했다. LVMH는 새로운 유리의 조합 방식으로 새로운 유리 체험을 열었다.

맨해튼의 마천루사는 양식적인 변화의 역사였지만, 동시에 1950년대 이후부터는 유리 변화의 역사이기도 하다. 맨해튼은 마천루를 통해 유리를 늘 새롭게 쓰고자 했다. 미스의 시그램 빌딩으로 대표되는 맨해튼 유리 마천루의 투명성과 보편성은 시간이 지날수록 모호성과 개별성으로 변했다.

미스식 유리 마천루가 만들어간 이성적인 유리 마천루 협곡들은 이제 포잠박의 LVMH 빌딩같이 빛의 굴절이 다양한 마천루 협곡으로 변하고 있다. 유리 마천루의 논리성과 보편성, 역사는 이제 예술성과 개별성의 역사로 맨해튼을 변화시킨다. 이는 시간이 흐를수록 더 빠른 속도로 진행될 것이다.

루이비통
매장

5번 애비뉴와 57번 스트리트가 교차하는 지점에 루이비통은 일본 건축가 준 아오키를 위촉하여 실험적인 매장을 완성했다. 일본 건축가 준 아오키는 루이비통 설계를 의뢰 받고 고민에 빠졌다. 5번 애비뉴에 그냥 평범한 상업 건물을 짓고 싶지 않았기 때문이다.

그는 맨해튼에 가장 필요한 건축은 무엇이고, 특히 5번 애비뉴에서 가장 필요한 건축은 무엇인가 생각했다. 준 아오키는 맨해튼 관련 서적을 뒤적인 후에 마천루가 맨해튼의 유전자이고, 특히 자신이 리모델링할 기존 건물이 맨해튼 1920~30년대 아르데코 스타일 마천루인 점을 발견했다.

자신이 리모델링 할 마천루가 일조권 사선 제한인 조닝법 적용의 결과로 웨딩케이크 모양이 된 점도 알게 되었다. 조닝법을 조사하던 아오키는 1920~30년대 일러스트레이터였던 휴 페리스와 만났고, 페리스의 단순한 흑백 선에 매료되었다.

위로 갈수록 체적이 감소하는 마천루 그림을 빗대어 페리스가 '수정으로서의 뉴욕 마천루'라 부른 말에서 아오키는 루이비통 매장 설계 단초를 발견했다. 아오키는 맨해튼 마천루를 페리스를 따라 '수정체'라 불렀다.

아오키는 페리스 수정체의 문제점도 밝혔다. 페리스 수정체는 외향적이지만, 내향적이지는 않다고 생각했다. 아오키는 페리스 수정체들은 옆 필지의 일조는 고려했지만, 자신의 내부가 낮에는 빛으로 차고, 저녁에는 내부에서 외부로 빛을 발하지 못하는 미완의 수정체라고 주장했다.

아오키의 수정체는 페리스의 수정체보다 한걸음 더 나가고자 했다. 아오키는 자기가 세울 수정체를 '매직 크리스털(마술 수정체)'이라불렀다. 아오키의 매직 크리스털은 빛을 내부에 품고, 동시에 밤에는거리에 빛을 뿜었다. 아오키의 매직 크리스털은 남의 땅 빛만 생각한 것이 아니라 자기 땅의 빛도 생각한 것이고, 낮의 빛만 생각한 것이 아니라 밤의 빛도 생각한 것이다.

관광객으로 5번 애비뉴를 걷다 보면, 5번 애비뉴의 시작점인 애플스토어의 유리 박스에서 받은 충격이 채 가시기도 전에 루이비통 매장에서 또 다른 종류의 유리 충격에 직면한다. 애플 스토어가 너무나 맑아 없는 듯했다면, 루이비통 매장 수정체는 너무나 뿌해 부푼것 같았다.

방법은 다르지만, 두 매장은 유리가 열어줄 수 있는 빛의 가능성을 실험했다. 돌로 찬 거리에 유리로 빛을 말하고자 했다. 애플 스토어의 투명한 유리와 루이비통 매장의 신비로운 유리는 서로 다른 유리의 실험으로 서로 다른 빛의 가능성을 거리에 선보였다. 빛의 깊이와 농도가 유리 처리 방법 기술에 따라 달랐고, 그 결과는 돌 건물표면 위로 아로새겨지는 그림자로 가득 찬 도시에 충격을 주었다.

아오키의 디자인은 기본적으로 현존하는 아르데코 빌딩의 1층에서 5층까지 전체적으로 한 번 유리로 감쌌고, 돌 외장에 유리 외장을덧씌웠다. 모퉁이 부분에서만 11층까지 더 감쌌다. 유리 감쌈은 각면에서 ㄴ자형 모양이었지만, 입체적으로는 ㅗ자형이었다.

유리의 감쌈 뒤로 서로 다른 크기의 사각형 개구부를 주었다. 창

휴 페리스와 페리스의 그림들. 페리스는 대중의 상상력을 자극하는 초고층 도시 그림을 많이 남겼다. 우측 하단에 보면, 조닝법 제정 문제가 에퀴터블 빌딩(1916)으로 대두되던 시절 그가 그린 스케치들이 보인다.

의 크기와 배열은 무작위였다. 개구부들은 기본적으로 이중 유리였다. 투명한 유리와 우윳빛 유리가 겹치도록 만들었다.

투명한 유리 표면에는 루이비통 브랜드 문양인 체크무늬 패턴을 흰색으로 넣었다. 기존 아르데코 스타일 건물 외장재의 하얀 상태가 우윳빛 유리에서는 뿌옇게 되었고, 체크무늬 패턴이 있는 유리에서는 경계가 지워지며 투명도가 그러데이션을 일으켰다.

체크무늬 반점들은 번지고 퍼지는 효과를 극대화했다. 칼로 자른 듯한 유리의 투명함이 반점들로 뿌옇게 뭉개졌다. 반점의 농도에 따라 빛의 투과율이 변했다.

청정한 맨해튼 하늘 아래서, 도시의 모든 창들이 명확해져 가는 순간에도 루이비통 창은 불분명했다. 해가 떨어지자, 내부의 서로 다른 색의 빛들이 모호하고 부드러운 상태로 5번 애비뉴를 번지듯이 밝혔다.

Clear glass

Clear glass ➕ Milky glass

사진의 윗부분은 준 아오키가 루이비통 건물에서 실행한 디자인 프로세스다. 기본적으로 1930년대 아르데코 흰색 건물에 유리를 입혔다. 먼저 투명 유리의 위치를 잡았고, 그 다음에 반투명 유리의 위치를 잡았다. 투명 유리에는 루이비통의 브랜드 문양 패턴인 체크무늬를 주어 투명한 부분과 투명하지 않은 부분의 경계를 모호히 했다. 반투명 유리를 입히는 저녁에 내부 조명이 뿌옇게 나왔다. 투명 유리의 패턴과 반투명 유리가 합성되니 파사드는 깊이를 알 수 없는 뿌연 광원이 되었다. 준 아오키는 애초의 목표였던 자기를 밝히고 거리를 밝히는 마술 같은 수정체를 고안했다. 이는 깊이를 알 수 없는 수정체였다. ©강명지

허드슨 강변의
아파트들

리차드 마이어는 뉴욕 토박이 건축가이다. 소규모 주택으로 시작한 마이어의 커리어는 10년 단위로 변했다. 시골에서 도시로 변했다. 1970년대는 미국 시골 동네라 할 수 있는 미드웨스트가 마이어의 중심 무대였고, 1980년대는 유럽 도시, 1990년대는 미국 서부 로스앤젤레스(게티센터)가 중심 무대였다. 2000년대 들어와서야 비로소 마이어는 고향인 맨해튼에 입성할 수 있었다. 맨해튼 출신 건축가가 맨해튼에서 자기 작품을 디자인할 수 있는 기회를 갖는 것은 모든 건축가들의 꿈이다. 맨해튼은 세계에서 가장 뛰어난 인재만 고용하지, 절대 동향이라고 프로젝트를 쉽게 내주지 않는다.

맨해튼 출신 건축가들은 이에 대해 불만이 많다. 우리나라 건축가들이 서울 내 대규모 프로젝트를 외국인 건축가에게 줄 때 쏟아 놓는 불평과 비슷하다. 도쿄와 상하이도 그런 걸 보면, 대도시마다 국경을 넘어 세계 인재를 찾는 모습은 세계적인 추세이다.

맨해튼 개발업자들은 땅과 건물을 통해 최대 경제가치를 창출하고자 한다. 한때 저렴한 가격의 아파트 공급으로 돈을 벌고자 했던 이들이 그라운드 제로 건축 공모전이 언론에 대대적으로 노출된 후에는 스타 건축가들을 대거 고용했다. 건물의 판매 가격은 건축가 이름에 비례하여 올린다.

프랭크 게리의 빌바오 박물관은 건축가를 두 부류로 나누는 결과를 초래했다. 흔히 건축계는 스타(Star) 건축가와 스타빙(Starving, 굶주려 죽는) 건축가로 나뉘었다. 한쪽은 너무 유명해서 돈이 넘쳐나고, 다른 한쪽은 무명으로 굶주린다. 이처럼 건축계도 영화계처럼 스타 시스템이 도입되었다.

페리 스트리트 아파트 개발업자는 마이어를 고용했다. 마이어는 13년에 걸쳐 지어진 로스앤젤레스 게티센터로 스타 반열에 올랐다. 산 위에 세워진 게티센터는 로스앤젤레스가 세운 아크로폴리스였다. 마이어는 백색 바르셀로나 박물관과 백색 로마 밀레니움 교회당으로 유럽에서도 상종가를 치고 있었다. 그는 매번 새로운 백색 모더니즘을 선보였는데 드디어 고향에서 최초의 백색 마천루 3동을 선보였다. 초기에 르 코르뷔지에의 영향도, 중기의 바로크 영향도 모두 지워진 채 말기의 노장 건축가는 그 어느 때보다 순수했다.

마이어의 아파트가 맨해튼에 들어선다는 소문이 돌자, 니콜 키드만(Nicole Kidman), 캘빈 클라인(Calvin Klein), 마사 스튜어트(Martha Stuart)가 각각 아파트 한 채를 매입했다. 스타들이 집을 사자 마이어 아파트는 헤드라인 뉴스를 장식했다. 맨해튼 사교계는 구름 떼처럼 몰렸다. 맨해튼에 스타 건축가가 선보인 최초의 아파트였다.

마이어의 백색 아파트는 명료함과 질서로, 또 단순함과 우아함으로 빛났다. 뿐만 아니라 조형적으로는 얼어붙은 물줄기처럼 허드슨 강가의 석양을 붉게 반사했다. 아파트는 유리 발코니에서 가장 첨예한 모습을 드러냈다. 2004년 나는 허드슨 강가에 있는 마이어의 아파트 3동을 볼 기회가 있었다. 유리 아파트는 건식 공법 디테일로 빛났다. 서울의 습식 공법 아파트에 익숙한 내게는 생경한 모습이었다.

아파트의 거실은 서향이라 할지라도 허드슨 강변을 바라봤다. 우리의 일반적인 남향 선호가 미국인의 눈에는 어떻게 보일지 궁금했다. 시원한 서향 창들은 발코니를 만나며 다채로워졌다. 투명했던 거실 유리가 발코니에 와서는 불투명해졌다. 푸른 기가 도는 불투명 유리 발코니들로 자칫 둔탁할 뻔한 아파트 모서리가 날렵해졌다.

아파트 안에 있는 모든 세대들은 나름 허드슨 강변을 바라보는 정자였다. 구조는 콘크리트였지만, 벽은 전면 유리였다. 전면 유리로 아파트들은 얼어붙은 물이 된다. 유리 뒤에 있는 거실 바닥의 얇은 슬라브들은 흰색 메탈 프레임으로 가렸다. 틀은 얇아질 대로 얇아져 유리의 팽팽함이 돋보였다. 아파트라도 다 같은 아파트가 아님을 마이어의 아파트를 보고 알게 된다.

마이어는 늘 자연을 예찬했다. 그래서 그의 건물은 강가를 향했다. 마이어는 투명성을 추구했기에 그의 건축은 유리가 많았다. 마이어는 가벼움을 추구했기에 그의 건축은 늘 분절되어 보였다. 마이어는 백색을 추구했기에 그의 건축은 모든 색을 담을 수 있었다. 마이어는 1920년대 르 코르뷔지에 건축 양식을 모방하는 데서 건축을 시작했지만, 오늘날 그의 건축은 르 코르뷔지에로부터 해방된 지 오래다.

허드슨 강변을 바라보는 마이어의 3동 아파트 마천루들은 한강변을 바라보는 서울의 아파트가 어떠해야 하는지 보여준다. 아파트는 막힌 담이 아니라 열린 담이어야 한다. 아파트가 천편일률의 콘크리트 구조물이 아니라 유리로 된 구조물이면 어떨까? 아파트의 모서리는 둔탁한 대신 뛰어난 공예미로 꾸며지면 어떨까? 아파트는 강변에서 아파트를 바라보는 주변의 사람들과 도시 경관까지 고려해야 한다. 흉물스런 아파트, 빛의 삼키는 아파트가 아니라 하늘의 여러 빛깔을 도시에 되돌려 주는 아파트, 도시를 살리는 아파트가 우리에게도 필요하다.

콜럼버스 서클의
타임 워너 센터

콜럼버스 서클은 브로드웨이와 8번 애비뉴가 교차하며 생긴다. 콜럼버스 서클이 맨해튼에서 광장으로 차지하는 비중은 타임스 스퀘어나 매디슨 스퀘어 못지않다. 맨해튼 특유의 X자형 광장이라는 점에서 콜럼버스 서클이 다른 두 광장과 크게 다르지 않지만, 콜럼버스 서클은 원형식 교차로라는 점에서 다른 두 스퀘어와 다르다. 콜럼버스 서클은 말 그대로 로터리이다.

타임스 스퀘어와 매디슨 스퀘어가 20세기 초 타임스 빌딩 마천루와 플랫아이언 빌딩 마천루로 유명해졌다면, 콜럼버스 서클은 21세기 초 타임 워너 마천루로 유명세를 탔다.

로터리 중앙에는 로마식 기둥 위에 콜럼버스의 동상이 세워졌고, 그 주변으로 분수 광장이 있다. 따스한 날이면, 태양을 즐기는 사람, 샌드위치를 먹는 사람, 신문을 보는 사람, 물놀이를 하는 사람으로 광장은 살아난다. 타임 워너 센터 마천루는 땅에서는 원형의 분수 광장을 살리고, 하늘에서는 새롭게 스카이라인을 정의한다.

그라운드 제로의 프리덤 타워를 디자인한 SOM의 수장 건축가 데이비드 차일즈(David Childs)가 마천루를 디자인했다. 저층의 기단부는 앞쪽 광장의 유연한 곡면을 따라 부드러운 반원을 그리고, 고층의 두 타워는 브로드웨이를 따라 평행하게 잘랐다. 브로드웨이가 맨해튼 그리드의 파격이듯이, 타임 워너 센터의 두 타워는 맨해튼 마천루들이 집합적으로 만드는 격자형 스카이라인의 파격이 됐다. 두 타워의 평면은 직사각형이 아닌 평행사변형이라 타워는 더욱 날카롭다. 이렇게 타임 워너 센터는 콜럼버스 서클의 가능성과 잠재성을 극대화했다.

차일즈는 거리감을 아는 건축가였다. 그는 원거리와 근거리에서 타임 워너 센터가 각각 다르게 보이도록 디자인했다. 원거리에서는 마천루의 몸통이 도드라지게, 근거리에서는 마천루의 원형 베이스가 도드라지게 했으며, 베이스는 로터리와 주변 골목길에 대응하게 했다.

맨해튼 대다수의 건물이 필지의 사각형 모양으로 마천루도 사각형이지만, 이곳 두 타워 마천루 평면은 브로드웨이 축을 잡아 평행

위 사진은 타임 워너 센터와 콜럼버스 서클의 입지를 잘 보여준다. 콜럼버스 서클은 8번 애비뉴와 브로드웨이가 교차하면서 만들어진 광장으로 맨해튼의 다른 X자형 광장과 동일하지만, 여기에 59번 스트리트가 간섭하면서 '서클'이 되었다.

사변형이 되어 멀리서 보면 넘어질 것처럼 서 있고, 쓰러질 것처럼 일어선다.

타워의 형태는 거울 같은 외장으로 변화무쌍한 하늘을 그대로 반사한다. 타워가 두 동이어서 하나일 때보다 덩치가 줄고, 타워 사이에서 하늘이 보인다. 마천루의 미학이 앞으로 나오고, 마천루의 드라마가 전면에 배치한다. 도시의 판타지는 다시 살아나고, 도시의 상상력은 기지개를 켠다.

허전한 풍경이었던 콜럼버스 서클은 타임 워너 센터 건립으로 풍성해졌다. 59번 스트리트는 새로운 마천루 두 동이 생성하는 열린 스카이게이트로 팽팽하다. 삭막한 로터리였던 콜럼버스 서클은 타임 워너 센터로 생동하기 시작했다.

오늘날의 타임 워너 센터 자리는 본래 모제스의 뉴욕 콜리세움(1956~2000)이 있었다. 콜리세움은 맨해튼 제1호 컨벤션 센터였다가 1986년 허드슨 강가에 건축가 아이엠 페이가 설계한 자비츠 컨벤션 센터가 들어서며 파리가 날렸다.

큰 건물에 사람이 없으니 거리는 유령거리가 되어 갔다. 시는 한창 호황기인 1980년대에 골치 덩어리인 콜리세움 부지를 개발업자인 몰티머 주커맨(Moltimer Zuckerman)에게 넘겼다. 바로 주커맨은 건축가 모세 사프디를 고용했다. 처음에 사프디는 매머드급 타워를 설계했다. 시민 단체의 반발은 거셌다.

→ 위 4개의 다이어그램을 순서대로 보면, 타임 워너 센터의 기단부는 원형 로터리에 대응했고, 두 타워는 브로드웨이에 대응했음을 알 수 있다. 아래 사진을 보면 원형 분수광장 중앙에 콜럼버스 조각이 보인다.

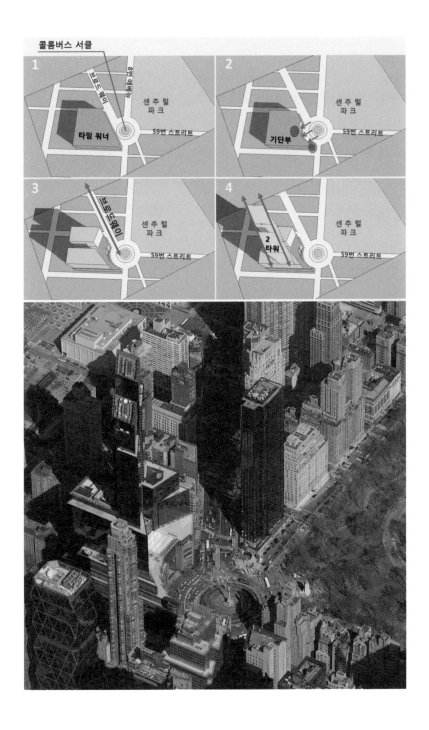

시민 단체는 뉴욕시를 상대로 행정소송을 걸었다. 소송의 중심에는 재클린 케네디 여사가 있었다. 시민 단체는 "시가 개발 이익을 극대화하기 위해 행정 권한을 남용했다. 땅의 용적률를 최대한 높여 땅을 팔았다. 그로 인해 인근 지역과 센트럴파크는 그림자만 가득차게 됐다"라고 주장했고, 법원은 결국 시민 단체의 손을 들어줬다.

소송에서 패하면서 주커맨은 사프디를 해고했고 건축가 차일즈와 손잡았다. 1987년 맨해튼 증권가는 폭락했고, 2년 뒤 부동산 업계도 완전히 가라앉았다. 주커맨은 스테판 로스(Stephan Ross)에게 사업권을 넘겼다. 차일즈는 시민 단체의 요구 조건을 충족하는 디자인을 했다. 건물 사이즈를 줄였고, 마천루가 빛을 가로막지 않게 두 동으로 나눴다. 생명체가 아닌 건축물이지만, 건축물이 지향한 바는 빛이고 하늘이었다. 차일즈의 마천루 타워가 하나에서 둘로 나뉘게 된 이유는 공공에 대한 배려였다.

타임 워너 센터는 2003년 개장했다. 두 타워 사이로 빛이 흘렀고, 하늘이 보였다. 오늘날 차일즈의 두 타워를 바라보면, 예리한 형태에도 감동을 받지만, 빛과 하늘 때문에 더 감동한다. 타워 사이로 떨어지는 빛은 시민 소리의 반영이다. 그만큼 값졌고, 마천루에 이야깃거리를 만들었다.

타임 워너 센터 마천루는 '민주주의 제도'라는 예술품이다. 시를 상대로 소송을 거는 시민의식이 예술이고, 정부에 끌려가지 않고 시민에게 손을 들어주는 법원이 예술이고, 판결 결과에 순종하는 건축물

→ 콜럼버스 서클의 크리스토퍼 콜럼버스 동상 아래서 분수를 보고 독서를 즐기는 시민들의 모습. 두 타워는 브로드웨이를 따라 평행사변형 평면으로 에지가 날카롭다. ⓒ이중원

의 방향이 예술이다. 이처럼 민주주의 나라에서 마천루는 소통의 산물이다. 마천루는 '아름다운 형태'를 뛰어넘어 '소통의 결정체'여야 한다.

우리는 도시의 절묘한 위치에 모든 재화를 동원해 민주주의를 대변하는 마천루를 세워야 한다. 마천루는 거리와 소통해야 하고, 사람들의 휴식처이어야 한다. 소통의 산물이어야 하고, 도시의 이정표이어야 한다. 민주주의 이념체계가 작동하면서 파생시키는 직접적인 결과물이어야 한다. 그런 마천루는 후손에게 물려줄 수 있고, 랜드마크라는 칭호를 수여받는다.

타임 워너 센터에 멋진 방이 하나 있는데, 바로 두 타워 하단부에 매달려 있는 재즈 센터이다. 마천루 조명으로 수놓아진 59번 스트리트는 재즈 센터만이 줄 수 있는 건축적인 다채로움이자 맨해튼의 아름다움이다. 조금 능동적인 사람이라면, 재즈 센터가 선보이는 맨해튼 야경을 보며 우리 도시를 되돌아볼 것이다. 우리는 어떤 길의 도시를 세우고, 어떤 마천루 도시를 세울지 자문하게 한다.

나는 이곳에서 즐거운 상상을 한다. 상상의 주제는 '길'이다. 마천루를 생각하지 않고 길을 생각하는 이유는 길의 결과가 마천루인 이유이고, 마천루의 원인이 길인 이유이다.

미국의 발견이 새로운 항로를 찾아 나선 콜럼버스에서 시작되었고, 맨해튼의 발견이 삼각 무역 항로를 찾고자 나선 네덜란드 인에 의해 비롯되었고, 맨해튼의 부흥이 이리 운하와 철도 그리고 맨해튼 그리드에서 비롯되었음을 상상한다. 도시를 부흥케 했던 길들이 이제는 도시의 주제이고, 길에서 비롯된 마천루가 도시의 아름다움이 된다.

콜럼버스는 길의 나라인 미국을 찾았고, 네덜란드 인은 길의 도시

위 사진은 타임 워너 센터 로비에서 59번 스트리트를 바라본 사진이고, 아래 사진은 재즈 센터인 알렌 룸에서 59번 스트리트를 바라본 모습이다. 파크 애비뉴 정중앙에 헴슬리 빌딩 마천루가 있는 것처럼 59번 스트리트 정중앙에 타임 워너 센터가 있다.

인 맨해튼을 찾았고, 뉴요커들은 길의 번영을 마천루로 표현했다. 미국인들에게 나라는 길을 세우는 일이요, 뉴요커들에게 도시는 길을 세우는 일이었다. 길로 일어난 나라와 도시에 마천루가 섰다. 수평적인 길이 수직적인 길로 확장했다.

나는 로마 기둥 위에 서 있는 콜럼버스의 동상을 보며 "과거는 로마에 있었고, 현재는 미국에 있고, 미래는 대한민국에 있을 것이다. 모든 길은 로마로 통했고, 모든 길은 맨해튼으로 통하고, 모든 길은 서울로 통할 것이다"라며 되뇌였다.

우리는 길을 개척하는 나라, 길을 세우는 도시를 가질 것이다. 그리고 마천루로 길의 번영을 반영할 것이다.

헐스트
타워

2006

조지 헐스트(George Hearst)는 도박을 즐겼다. 1880년 헐스트는 잡지사 '샌프란시스코 이그제미너(SF Examiner)'를 노름으로 땄다. 1887년 조지의 아들 윌리엄은 이 회사를 물려받아 서부에서 가장 유명한 잡지로 만들었다. 윌리엄의 야망은 컸다. 8년 후, 그는 맨해튼으로 자리를 옮겼다. 그는 여러 개의 잡지를 발행했다. 그중에는《굿 하우스키핑》,《코스모폴리탄》,《하퍼스 바자》,《에스콰이어》 등 오늘날에도 유명한 잡지가 다수 있다. 1930년 헐스트 기업은 20개의 신문, 30개의 잡지, 그리고 몇 개의 라디오 채널을 보유한 대규모 미디어 그룹으로 성장했다.

윌리엄은 맨해튼 콜럼버스 서클 주변 극장가에 매료되어 극장에도 손을 대기 시작했다. 그때 맨해튼 오페라하우스가 새 자리로 옮길 것이라는 소문이 돌았다. 소문의 장소는 8번 애비뉴의 57번 스트리트와 58번 스트리트 사이였다. 소문을 접한 윌리엄은 먼저 부동산 조치를 취했다. 그는 헐스트 본사 마천루를 짓고자 했다.

1927년 윌리엄은 뉴욕 증권거래소 건축가인 조지 포스트를 고용했다. 목표 높이는 당대로는 초고층인 60층이었다. 맨해튼 마천루 취향은 아르데코 스타일로 들어간 시기였다. 포스트는 이러한 시대를 반영해 장식은 간소화했고, 기하는 추상화했다.

기단부 코너에 있는 조각은 조각가 헨리 크라이스(Henry Kreis)의 솜씨였다. 1928년 기단부가 완성될 즈음, 맨해튼 금융가는 이미 폭락의 조짐이 보이기 시작했다. 오페라하우스 돈줄들이 하나둘씩 사업에서 발을 뺐고, 1929년 월가의 몰락이 왔다. 오페라하우스 이전 계획은 수포로 돌아갔고, 헐스트 그룹의 자금줄도 점점 조여왔다. 1937년 결국 헐스트는 채권자들에게 건물을 차압당했다. 기단부만 완성한 채, 본사 마천루의 꿈은 현실이 되지 못했다.

윌리엄 헐스트가 이루지 못한 그 꿈은 1999년에 이르러서야 다시 이룰 수 있었다. 영국 건축가 노먼 포스터가 건축가로 뽑혔다. 오랫동안 맨해튼 입성을 원했던 포스터에게 헐스트 타워는 맨해튼 마천루 시장에 던지는 출사표였다. 타워 외장은 삼각형 패턴의 다이어그리드 구조 얼개를 입혔다.

포스터는 기단부 아르데코 스타일의 정신을 은색 다이어그리드에서 이어가고자 했다. 코너는 새의 부리처럼 보이도록 했다. 돌 외장에서 철 외장이 양파껍질처럼 겹으로 있는 모습도 아르데코적이었다.

기단부 외장과 타워 외장 사이에는 이격 거리를 두어 그곳에 천창을 두었다. 천창은 로비에 드라마틱한 빛을 떨어뜨렸다. 로비에서 천창을 바라보면, 기단부의 돌 내벽과 몸통부의 다이어그리드 외장 사이로 푸른 하늘이 걸려 있다. 포스터가 어려서 스케치했던 맨체스터 아케이드 천창이 부활하는 순간이다.

노먼 포스터는 1999년에 프리츠커 상을 받았다. 그해 노먼 포스터의 주가는 세계적으로 상종가였다. 포스터는 2002년 그라운드 제로의 7인의 건축가 그룹에 끼어 세계적인 공모전에 참가했다. 비록 리베스킨트의 안이 당선되었지만, 맨해튼 마천루 시장은 포스터의 품위 있는 프리젠테이션과 3번 키스하는 투 타워를 잊지 못했다. 맨해튼 건축계는 투 타워의 기술적인 혁신과 디자인적인 우아함에 찬사

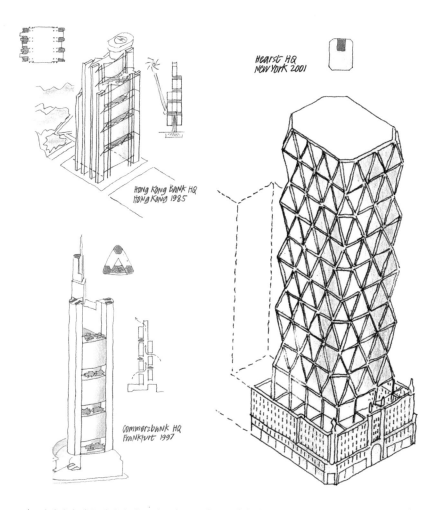

사진에서 좌측 상단에 있는 건물이 1985년 포스터가 지은 홍콩 은행 본사다. 좌측 하단에 있는 건물이 1997년 포스터가 지은 프랑크푸르트의 카머스뱅크 본사다. 우측에 있는 건물이 힐스트 본사다. 스케치에서 초록색은 공중 정원을 의미하고, 붉은 점들은 엘리베이터실을 의미한다. 노먼 포스터는 초기부터 오늘에 이르기까지 새로운 마천루에 대한 실험을 지속했다. 주제와 목표는 일관됐다. 첫째 장시간 근무해야 하는 사람들이 땅의 정원을 고층에서도 느끼게 했다. 둘째 하늘의 태양이 건물 곳곳을 밝히게 했다. 포스터는 자연광이 충만한 마천루를 세우고자 했다. 셋째 풍하중에 대응하는 구조 체계를 외피에서 드러나게 했다. 넷째 에너지 절약형 마천루가 되게 했다. 다섯째 거리를 살리고 스카이라인을 살리는 마천루가 되게 했다. 이 결과 포스터가 세운 마천루는 세워진 곳마다 랜드마크가 되었고, 전 세계 관광객을 모으는 아이콘이 되었다.(Image Courtesy: Foster and Partners)

를 쏟아냈다. 나도 포스터의 3번 키스하는 마천루가 세워지지 못한 점을 못내 아쉬워한 사람 중의 하나이다.

홍콩 은행 마천루로 세계 마천루 시장에 출사표를 낸 포스터는 사실 오랫동안 맨해튼 마천루 형식에 대해 비판적이었다. 그가 보기에 맨해튼 마천루는 부동산 가치만 있지, 건축적 가치는 없는 마천루였다. 포스터는 오랫동안 환경을 생각했고 사람을 생각하는 마천루를 지어야 한다고 주장했다. 포스터는 땅의 녹음을 마천루 꼭대기까지 끌어올리려 했고, 하늘의 빛을 마천루 바닥까지 끌어내리려 했다. 그의 마천루는 일종의 수직 도시로 공원을 품는 작은 마을의 모음이었다. 그의 마천루 껍질은 혁신을 주장했다. 그는 늘 최첨단 건축기술을 동원하여 친환경 지표를 높이는 마천루를 지었다.

2005년 46층의 헐스트 타워가 맨해튼에 들어서자, 뉴요커들은 깜짝 놀랐다. 우선 스위스 시계 같은 정교한 외장에 놀랐고, 다음은 로비에서 놀랐다. 로비에서 쏟아지는 인공폭포는 상상을 초월했다. 헐스트는 땅속의 복잡한 철로 때문인지 로비층이 몇층 위에서 시작한다. 입구층과 로비층을 급경사면으로 처리하고 그곳에 폭포수를 만들었다.

한여름에 작열하는 태양을 받으며 냄새, 소리, 색을 들이마시며 8번 애비뉴를 걸으면 땀이 쏟아진다. 즐거워서 시간이 가는 줄도 모르고

← 헐스트 타워의 기단부는 건축가 조지 포스트의 작품이다. 코너의 조각상들은 조각가 헨리 크라이스의 작품이다. 2001년 노먼 포스터의 손길로 돌 마천루인 헐스트의 20세기 초의 꿈이 철과 유리가 되어 21세기 초에 나타났다. 기단부의 아르데코 모티브를 차용했다. 아르데코 양식의 마천루들을 보면 건물 에지에 돌 외장 안쪽으로 철 외장이 양파껍질을 이루며 나온다. 포스터의 헐스트 타워는 이 점에 착안하여 돌 외장과 철 외장에 이격 거리를 두었다. 그 사이에 천창을 두어 로비를 자연광으로 밝혔다. ⓒ이중원

걸어 피곤은 누적되어 있다. 훔쳐도 훔쳐도 계속 쏟아지는 땀은 재미의 반영이지만, 누적된 시간이 몸을 누른다.

이때 헐스트 빌딩의 문을 열고 인공 폭포를 만나는 경험은 예상치 못한 놀라움이다. 물 소리에 놀라고, 물 흐름에 놀란다. 폭포수는 높은 곳에서 급하게 떨어져 물보라를 일으킨다. 물길은 결이 있는 투명판 처리로, 빛은 튕겨 나오고, 물은 영롱해진다.

폭포수는 청량음료처럼 더위와 갈증을 순식간에 밀어낸다. 발바닥은 가벼워지고, 눈동자는 윤기가 돈다. 마천루의 기단부가 공공을 위한 어반룸이 되어 사람을 다시 힘 솟게 해줄 수 있다는 사실이 건축가로서 노먼 포스터를 다시 생각해보게 한다.

헐스트 타워 로비에서의 놀람은 그랜드 센트럴이나 구겐하임에 버금간다. 시원한 인공 폭포수가 마천루 입구를 열자마자 눈앞까지 쏟아진다. 폭포수 뒤로는 아크릴 조각이 물을 신비롭게 반짝이게 한다. 이 폭포수로 포스터는 출근용 에스컬레이터를 천상을 가로지르는 무지개다리로 바꾸어 놓았다. ⓒ이중원

인공폭포를 대각선으로 가로지르는 엘리베이터가 입구층과 로비층을 이어주는 구름다리다. 아쉽게도 일반인은 위로 올라가지 못한다. 처음 이곳에 왔을 때, 나는 데크로 올라가고 싶었다. 조심스럽게 엘리베이터를 타려고 했는데, 건물 관리인이 검지 손가락을 좌우로 흔들며 "no, no"했다. 가고자 하는 목적지를 눈앞에 두고 다시 내려와야 했을 때, 아쉬움은 컸다.

아쉬움은 금세 다른 곳으로 번졌다. 9·11 이전만 해도 미국 내 모든 마천루들이 열려 있었는데, 9·11 이후에 미국은 닫힌 국가가 됐다. 어쩌면, 테러리스트들이 얻고자 했던 목표는 단순한 세계무역센터의 붕괴가 아니라, 바리케이드를 내린 사회였다. 미국이 오랫동안 이룩한 열림은 테러리스트들의 순간적 만행으로 닫혔다. 테러는 파괴적이고, 폐쇄적이다.

헐스트 타워는 맨해튼 마천루 시장에 새로운 가치를 열었다. 부동산 논리가 아닌 건축적 논리를 보여주고, 채움보다는 비움을 보여준다. 최대 임대 수익 창출이 아닌 가장 일하고 싶은 일터의 모습을 보여준다. 사막 같은 일터가 아니라, 바닷가 같은 일터의 모습을 보여준다.

헐스트 타워는 이 시대 마천루는 어떤 정신으로 세워져야 하는지 알려준다. 과거를 계승하면서(기단부) 동시에 과거를 뛰어넘는 마천루의 모습을 보여준다. 헐스트는 시간 기록체로서의 마천루가 되었다. 또한 헐스트는 빛과 물이 사람과 수직적으로 교차하는 마천루를 보여준다. 포스터의 마천루를 향한 오랜 꿈은 수직 도시로서의 마천루였다. 그는 나무와 사람을 하늘로 끌어올리려 했고, 태양과 바람을 땅으로 끌어내리려 했다. 나는 헐스트 타워에서 포스터의 오랜 집념을 만날 수 있었다.

뉴욕타임스
빌딩

1998년 건축가 렌조 피아노는 프리츠커 상을 수상했다. 시상식은 백악관에서 열렸고, 이날 피아노는 빌 클린턴 대통령과 악수를 했다. 이 모습은 TV를 타고 전 세계로 퍼져 나갔다. 잠깐이었지만, 맨해튼 큰손들에게는 잊지 못할 장면이었다.

백악관 수상식 이후, 미국에서 피아노의 일감은 대폭 늘었다. 각 도시마다 피아노에게 러브콜을 보냈다. 맨해튼에서만 피아노는 모건 도서관 증축, 뉴욕타임스 본사, 컬럼비아 대학 마스터플랜, 휘트니 미술관 증축 설계 의뢰를 받았다.

아무리 유명한 건축가라 할지라도 맨해튼에서 프로젝트 하나 수주하기가 힘든데, 그렇게 많은 프로젝트가 이탈리아 건축가 피아노 한 사람에게 쏠리자, 맨해튼(더 나아가 미국) 건축계는 술렁였다. 젊은 친구 중에는 대놓고, "피아노가 뭔데 우리나라 박물관은 모두 디자인하는 거야?"라고 투덜거리는 사람도 있었다.

맨해튼 스타 건축가들이 피아노의 대량 수주를 배 아파 했다. 무엇보다 뉴욕타임스 본사 설계권마저 피아노가 거머쥐자, 맨해튼 건축계는 크게 술렁였다. 뉴요커들에게 뉴욕타임스는 신문사 이상의 문화적 아이콘이자 타임스 스퀘어를 만든 장본인이었고, 맨해튼이 세계와 소통하는 채널이자, 맨해튼의 소리였다. 그래도 세계적인 대도시답게 맨해튼은 외국 건축가에게 문호를 활짝 열었다.

1999년 뉴욕타임스는 8번 애비뉴 229번지에 새로운 둥지를 튼다

2007

뉴욕타임스 빌딩은 십자형 평면을 지니고 하늘로 치솟는다. 피아노는 코너의 골조를 모두 노출시켰다. 건물이 높아질수록 풍하중이 지수함수적으로 커지는데 피아노는 바람에 대응하는 X자형 브레이싱(가새) 구조 시스템을 노출하였다. 유리 앞으로는 세라믹 봉을 부착하여 눈부심 현상을 내부에서는 막고, 밖에서 보았을 때에는 망사를 두르고 있는 마천루가 되게 했다. 마천루는 이처럼 하늘하늘하고 가벼워야 한다. 둔탁하면 멋이 없다. ⓒ이중원

고 발표했다. 건축 비평가 허버트 머스햄(Herbert Muschamp)이 지명 초청 건축 공모전을 주관했다. 초청된 건축가는 렌조 피아노, 노먼 포스터, 시저 펠리, 프랭크 게리가 있었다. 2000년 9월 타임스는 공모안들을 받았다.

게리 안이 춤추는 마천루로 가장 놀라웠지만, 중도 하차했다. 타임스가 게리의 생각보다 보수적인 기관이라는 사실 때문이었다. 타임스 측은 공사비 증액을 걱정하며 대신 피아노의 안을 채택했다.

피아노는 마천루가 가벼워 보이길 원했다. 피아노는 타임스 빌딩 평면을 사각형이 아닌 십자형으로 조직했다. 그 결과, 열린 코너가 생겼다. 피아노는 가벼움을 강조하기 위해 얇은 스크린 막을 코너가 닫히지 않게 입면에 매달았다.

맨해튼에 '덩어리 마천루'가 아닌 '껍질 마천루'가 생겼다. 껍질 마천루는 둔중함을 경쾌하게 했고, 투박함을 세련되게 했다.

스크린 막은 건물의 4면에 세라믹 봉들로 만들었다. 유리 앞에 덧대어 만든 세라믹 봉들은 햇빛의 차양이라는 기능적인 목적도 있었지만, 깃털과 같이 가벼워 보이라는 미학적인 목적이 더 컸다. 이점은 《The New York Times》라는 문구가 있는 정문 부분에서 점차 간격이 넓어지는 세라믹 봉들을 보면 확실해진다. 세라믹 봉들로 이뤄진 스크린 막은 하늘을 날고자 하는 돗자리이다.

나는 백색의 세라믹 봉들이 하늘에서부터 쏟아지는 모습을 보고 한국에서 많이 보던 대나무 돗자리가 떠올랐다. 쌓는다는 느낌보다는 직물처럼 짰다는 느낌이 강했고, 유리 표면의 투명성보다 세라믹 표면의 질감이 앞으로 나왔다.

로비는 박물관같이 나무 바닥을 하고 있었고, 벽들은 주황색이었

위 사진은 뉴욕타임스 로비의 모습. 아래 사진은 주황색 벽에 매달린 스크린들이다. 쟁쟁한 뉴욕타임스 기자들의 기사 타이핑이 실시간으로 로비 벽면을 가득 채운다. 속도감 있게 뉴스가 머물렀다 흘러간다.ⓒ이중원

으며, 그 너머에 중정이 보였다. 로비에서 나는 손바닥만한 스크린들이 무수히 달린 두 벽면에 사람들이 모여 있는 모습을 보고 그 자리로 가 보았다.

스크린 위로는 글자들이 빠른 속도로 지나가고 있었다. 영화 〈매트릭스〉에서 빠른 속도로 화상 위로 떨어지는 텍스트 아트를 기억한 나는 '또 다른 아류 예술품이겠지……' 하는 마음으로 다가섰다. 나는 쏟아지는 문구들을 읽으며 깜짝 놀랐다.

어떤 문장은 중동의 이야기를 담고 있었고, 어떤 문장은 아시아의 이야기를 담고 있었고, 어떤 문장은 최첨단 과학 이야기를 담고 있었고, 어떤 이야기는 주식 시장의 동향을 담고 있었다.

이들은 쟁쟁한 뉴욕타임스 기자들이 컴퓨터로 실시간 쓰고 있는 기사들이 손바닥만한 스크린에 보이는 전시 예술작품이었다. 처음에 나는 기자들의 타이핑 속도와 문장력에 놀랐다. 시간이 지나자 세계 여론을 주도하는 여러 소리들의 생산 현장을 이렇게 한자리에서 볼 수 있다는 사실에 더 놀랐다. 피아노의 마천루에 버금가는 아티스트의 예술품이었다.

피아노 사무실에서 제작한 초기 모형들을 보면 여러 생각이 든다. 맨해튼에 대한 피아노의 생각과 마천루에 대한 생각을 읽을 수 있다. 피아노의 초기 개념 모형은 기다란 철심들과 나무심들의 집합이었다. 피아노가 추구한 마천루의 이미지는 얇은 심들의 집합이지, 둔탁한 하나의 덩어리가 아니었다. 연약한 것들의 집합성이지, 강한 것의 단일성이 아니었다.

또한 피아노의 푸른색 바탕의 흰 개념 모형 5개를 보면, 피아노가 타임스 마천루를 통해 추구한 형태의 진화 과정이 보인다. 처음에는 단일 매스였던 것이 진화할수록 껍질화했다. 덩어리의 미학에서 껍질 미학으로 진화했다.

피아노가 만든 모형 중에 크라이슬러 빌딩과 엠파이어스테이트 빌딩 사이에 타임스 마천루를 병치시켜 놓은 모델은 세 마천루의 거리를 생각할 때 사실적이라기보다는 개념적이었다. 모형 전면에는

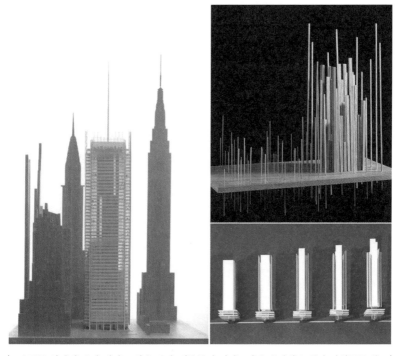

오른쪽 상단의 초기 개념 모형을 보면, 처음부터 피아노가 뉴욕타임스 본사 마천루를 얇고 긴 것들의 집합으로 보았음을 알 수 있다. 오른쪽 하단의 진화 모형 5개 시리즈물을 보면, 처음에 낮고 뚱뚱했던 마천루가 진화할수록 높아지고 얇아졌고, 마천루 양괴감이 덩어리에서 점점 껍질이 되어 갔다. 왼쪽의 모형은 실질적인 주변 컨텍스트 모형이 아니라 피아노의 개념 모형이다. 흰 타임스 건물(8번 애비뉴에 위치함) 우측에 있는 건물은 5번 애비뉴에 있는 엠파이어스테이트 빌딩이고, 좌측 건물은 렉싱턴 애비뉴에 있는 크라이슬러 빌딩이다. 모형에서 좌측 전면에 있는 건물은 웨딩케이크형 마천루다. ©Image Courtesy : Renzo Piano Building Workshop

맨해튼 마천루의 대명사인 웨딩케이크형 마천루가 있고, 모형 후면에는 랜드마크 마천루인 크라이슬러와 엠파이어스테이트가 있다. 피아노는 맨해튼 마천루 양식사와 랜드마크 마천루 역사를 인식하고 있었다. 피아노는 타임스가 두 랜드마크 마천루와 어깨를 나란히 하는 랜드마크 마천루이길 원했고, 동시에 마천루사를 새로운 방향으로 이끌길 원했다.

피아노는 타임스 마천루가 맨해튼 스카이라인에 전통을 유지하면서 혁신적이길 원했다. 피아노는 새로 짓는 타임스 마천루가 맨해튼의 자연적 환경을 담아내길 원했다.

맨해튼은 바다 가운데에 있는 긴 섬 도시이다. 그리하여 도시는 늘 바람과 태양, 그리고 비에 노출되어 있다. 일몰에 맨해튼은 온통 붉고, 비온 후에는 온통 파랗다. 먼지는 바닷바람에 쓸리고, 매연은 강 바람에 쓸린다. 맨해튼은 바람으로 깨끗하고 수분으로 촉촉했다. 빛에 따라 맨해튼은 은색 도시가 되고, 적색 도시가 된다. 색들은 일어났다 사라진다. 위로 치솟고자 한 마천루 도시는 늘 빛이 사방에서 들어온다. 그리고 석양에는 도시의 모든 마천루들이 붉게 변한다. 피아노는 타임스 마천루도 그러길 원했다. 비온 후에는 은빛이 나길 원했고, 석양에는 붉은 빛이 나길 원했다. 타임스는 실버 마천루이자 루비 마천루이다.

거장이 바라보는 맨해튼 모습은 물과 바람과 빛이다. 거장이 바라보는 마천루의 모습은 물과 바람과 빛에 반응하는 자연 관계적, 자연 반응적 인터페이스로서의 건축이다.

맨해튼은 사방이 물로 둘러싸여 있다. 맨해튼은 굳이 힘들이지 않고도 먼지가 바닷바람과 강바람에 쓸려 내려간다. 우리의 도시는 한

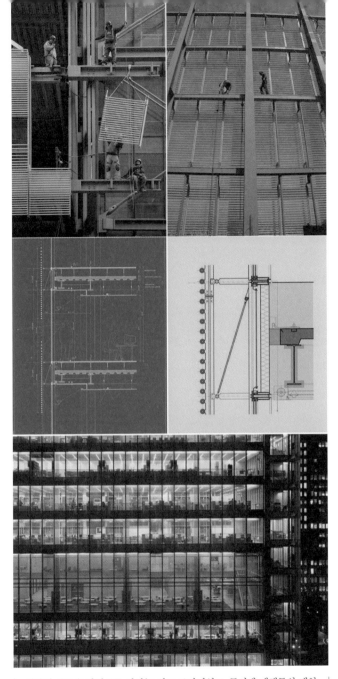

세라믹 봉들은 마천루를 감싸는 실크 보자기였고, 동시에 맨해튼의 태양
이 만드는 은색과 적색을 모았다 흐트리는 장치였다. 낮에는 백색 봉들
위로 빛이 튕겨 나와 겉만 보이는 마천루였는데, 밤에는 백색 봉 사이로
빛이 스며 나와 안까지 보이는 마천루가 되었다.

번 들어온 먼지가 좀처럼 바람에 쓸려내려가지 않는다. 도시를 위해 어떤 바람길을 열어야 할지 고민해야 할 이유다.

맨해튼의 맑은 하늘은 늘 건물을 영롱하게 하고, 마천루를 빛나게 한다. 빛은 기후에 따라 마천루의 모습을 은색과 적색으로 적신다. 피아노가 거장인 이유는 인류가 만든 가장 높은 건축 유형에서 가장 작은 부분이라 할 수 있는 외장 디테일인 세라믹 봉들의 집합체로 맨해튼 빛을 잡고자 했다는 점이다.

세라믹에서 빛들은 맷돌에 갈린 곡식처럼 가루가 되어 흩어졌다. 추운 겨울에는 은빛 가루가 휘날렸고, 더운 여름 석양에는 붉은 가루가 나부꼈다. 개별의 세라믹 봉들은 집합이 되어 하늘을 날고자 하는 돗자리가 되었다.

맨해튼의 깨끗한 하늘과 맑은 빛을 체험해 본 사람은 마천루 도시는 푸른 하늘과 붉은 태양을 바탕으로 일어서는 예술품임을 알게 된다. 마천루 도시를 가장 빛낼 수 있는 바탕은 '스스로 그러함'을 드러내는 자연이다.

새로운 마천루는 도시의 바람길을 열어나가야 하고, 도시의 빛길을 열어나가야 한다. 새로운 마천루는 덩어리가 아니라 껍질이어야 한다. 새로운 마천루는 과거의 전통을 존중하면서 미래의 혁신을 견인해야 한다. 마천루는 소리를 담아야 하고, 열려 있어야 한다. 마천루는 새로운 만남이자 체험이어야 한다.

프랭크 게리의
IAC

2007

건축가 프랭크 게리는 빌바오 구겐하임 박물관(1997)과 로스앤젤레스의 디즈니 콘서트홀(2003) 완공으로 미국을 넘어서 세계적인 스타가 되었다. 미국인들은 그를 프랭크 로이드 라이트와 더불어 20세기 미국이 낳은 가장 위대한 건축가로 분류했다. 그런 게리조차도 맨해튼 입성까지 적지 않은 시간이 걸렸다.

토론토 유대인 집안에서 태어난 그는 50년 이상 캘리포니아에서 살았고, 그가 추구한 건축은 미국 동부보다는 서부에 가까웠다. 동부가 역사와 전통을 강조하는 데 반해, 서부는 개척과 실험을 선호했다. 라이트의 개척정신과 게리의 실험정신은 서부에서 불어오는 바람이었다.

1980년대 중반 게리는 맨해튼에 첫 출사표를 던졌지만 성공하지 못했다. 게리는 그 후에도 뉴욕타임스 본사 마천루, 로어맨해튼 구겐하임 박물관 등 여러 계획안을 냈지만, 번번이 계획안으로 끝났다. 그가 맨해튼에 디자인한 작품은 2005년까지 몇몇 음식점 인테리어(콘데 내스트 빌딩 내 카페테리아, 2000)와 부티끄 인테리어(이세 미야키 매장, 2001)가 전부였다.

게리가 맨해튼에 지은 첫 건물다운 건물은 2006년 첼시 지역의 IAC(Inter Active Corp)였다. 웨스트 사이드 고속도로를 주행하면서 IAC를 놓치기란 쉽지 않다. IAC는 좀 과장해서 표현하자면, 마천루라기보다는 구름 덩어리이다. 백색의 마천루는 물결치고 있고, 구름처럼

IAC는 게리가 맨해튼에 지은 첫 건축다운 건축이었다. 첼시 지역은 건물 하나로 소용돌이쳤다.
IAC는 첼시지역 활성화 전략 관점에서 하이 라인 프로젝트와 연동해서 바라봐야 한다. ⓒ이중원

허공에 뜬 입자들의 모임이다. 어떤 이들은 바다를 항해하는 안개 덩어리라고도 한다.

게리의 건축은 비정형 건축이다. 그는 좀처럼 유리로 건물을 짓지 않고 쉽게 접고 구부림이 가능한 메탈로 건물을 짓는데, IAC에서는 마천루 전체를 유리로 휘어가며 덮었다.

게리는 유리 틀을 지우고자 했다. 그는 창틀 덮개를 실란트 조인트만 남겨두고 모두 지웠다. 유리들은 철의 간섭 없이 매끄럽게 이어갔다. 뉴욕커들은 "부푼 치마 같다" 내지는 "바다 위에 떠 있는 빙산 같다"라며 흥분했다.

내부에서는 몇 개의 기둥들을 기울였는데, 그 경사도가 하도 심해 공사 중에 이를 본 시민 한 명이 감리업체에 콘크리트를 잘못 부어 건물이 넘어지려 한다고 전화를 할 정도였다.

게리는 1,500개의 서로 다른 유리를 사용했다. 각 유리들은 오목과 볼록을 오갔고, 표면은 작은 흰 점들이 있었다. 작은 흰 점들은 세라믹 점들로, 전문 용어로는 프리트(Frit)라고 부른다.

프리트는 완성된 유리 위를 지나가며 유리의 가시성을 벌렸다 조였다. 프리트의 밀도 변화에 따라 내부가 보였다 사라지면서, 마천루는 신비로워진다.

프리트 기술은 유리 표면 처리 기술로 원래 도서관 같은 곳에서 눈부심 방지용으로 개발된 기술이었는데, 게리의 손을 만나자 기능이 예술이 됐다. 유리 위에 마치 스프레이를 뿌린 것처럼 점들의 밀도는 다양했고 경계는 모호했다.

프리트에 비례해 주름진 유리 면을 지나가는 조명 또한 모호했다. 낮에는 외부가 모호했고, 밤에는 내부가 흐릿했다. IAC는 낮과 밤으로 부드러웠다.

　게리의 건축은 이성적이기보다는 감성적이고, 논리적이기보다는 감각적이었다. 그래서 그의 환상 같은 마천루는 대중에게 다가가는 힘이 있었고, 한번 지어지면 주변을 바꾸는 힘이 있었다.

　나는 2007년 이곳을 처음 방문했다. 오랜 보스턴 생활을 정리하고 귀국을 앞두고 있었던 나는 큰마음을 먹고 마지막으로 맨해튼과 필

유리 디테일 사진과 로비 월 라이팅의 변화. 유리 표면 위의 흰 반점들은 창 중앙은 가시 영역으로 놔두고 대신 위 아래로 갈수록 밀도가 높아져 비가시 영역으로 바뀐다. 그 결과 물결치는 형태는 경계가 모호해졌고, 그 안의 사물과 빛은 몽롱해졌다. ⓒ이중원

라델피아 그리고 워싱턴 D.C.를 들렀다. 한번 떠나면 미국으로 다시 쉽게 오지 못할 것이라는 절박감이 발길을 재촉했다.

이날도 온종일 강행군을 한 탓에 집사람과 딸은 말할 힘도 없었고 빨리 숙소에 돌아가 쉬자고 했다. 나는 마지막 하나만 더 보면 된다며 액셀을 밟아 IAC 앞에 도착했다.

나는 그전까지 게리 건물에서 개인적으로 감동을 받은 적이 없었다. MIT 스타타 센터에서도, 시애틀 뮤직 센터도 그랬다. 나는 거리에 구겨진 휴지조각을 두는 게리의 유머에 함께 웃지 못했다.

하지만 IAC는 달랐다. IAC는 진지하고 부드러웠으며, 허드슨 강변과 잘 어울렸다. 해가 떨어지고 로비에 조명이 켜지자 지친 우리 가족조차 생기를 되찾았다. 77세의 거장이 맨해튼에 처음으로 만든 마천루는 춤추는 마천루였다. 도시 한쪽 구석에서 마천루 하나가 춤추기 시작하자, 도시 전체가 덩실거리기 시작했다.

장 누벨의
11번 애비뉴 100번지

2008

IAC 바로 길 건너에는 건축가 장 누벨이 최근에 완공한 11번 애비뉴 100번지(이하, 100번지)가 있다. 아파트이자 주거 마천루인 100번지는 처음 보면 창문 때문에 입이 벌어진다. 창마다 색깔이 다른데, 그 이유는 창마다 다른 색의 창을 넣어서 그런 것이 아니라 창마다 빛을 반사하는 각도가 다르기 때문이다.

IAC가 구름 같다면, 100번지는 허공에서 쏟아지는 은박지 조각 같다. IAC의 면은 미끄럽지만, 100번지의 면은 퍼즐 같다. IAC와 100번지는 유리에 대한 태도가 전혀 다르다.

무명이었던 누벨이 건축계에 알려진 시점은 1980년대 중반이었다. 그는 파리 아랍 세계 연구소(Arab World Institute) 국제 공모전에서 당당히 1등을 했다. 이곳에서 그는 무려 3,000개가 넘는 철제 조리개를 유리 뒤에 부착시켰다. 철제 조리개들은 아랍 전통 건축의 '태양막이 창'을 개념한 것이자 동시에 조리개들은 프랑스 최첨단 기술의 상징이었다. 이 조리개들은 마치 카메라 조리개처럼 자동으로 빛의 입사량을 조율했다. 철제 조리개는 빛을 입자화했고 정량화했다.

아랍 세계 연구소를 본 나는 누벨의 건축이 아랍의 전통 창호 스크린을 딴 점에서 역사적이면서 수천 가지가 넘는 창호 문양을 카메라 조리개로 새롭게 묶은 점에서 기술적이라고 생각했다. 이처럼 역사와 기술이 만나자, 건축은 사람을 움직이는 새로운 체험이 되었다.

누벨은 아랍 전통 건축에서 무한히 반복되는 패턴이 기하에 있음을 알았고, 창을 통해 여과되는 기하의 명암이 빛으로 가능했음을 알았다.

100번지는 맨해튼에서 누벨이 지은 두 번째 건축물이다. 소호 건물과 다르게 100번지의 땅은 역사성 있는 골목길이 아니었다. 그렇다고 오래된 건물이 많은 지역도 아니었다. 100번지 땅은 공터에 가까웠다.

땅 모양은 L자형이었다. 하이 라인 쪽인 북동쪽으로는 첼시 지역의 벽돌형 창고 건물이 있었고, 웨스트 사이드 고속도로 쪽인 남서쪽으로는 허드슨 강과 IAC가 있다.

100번지의 북동쪽은 벽돌벽을 세우고, 남서쪽은 유리벽을 세운다. 유리벽은 수공예품같이 1,600개의 서로 다른 크기의 창들이 허공에

사진에 보이는 도로가 맨해튼 서쪽 끝에 있는 웨스트 사이드 고속도로이다. 건축가 프랭크 게리의 IAC와 건축가 장 누벨의 100번지는 바로 붙어 있다. 게리의 건축은 '형태의 조형성'으로, 누벨 건축은 '창의 표면성'으로 첼시 지역에 새로운 바람을 일으켰다. ⓒ이중원

매달려 있었다. 창들은 3차원적으로 눌린 부분이 있는가 하면 일어
선 부분이 있어 마치 허공에 휘날리는 눈송이처럼 빛을 여러 각도에
서 산란했다.

　건축가 프랭크 게리와 장 누벨의 건축관은 다르고 이에 따른 그들의
건축술 또한 차이가 있다. 게리와 누벨은 둘 다 재료의 실험에 열심인
건축가이지만, 게리가 재료의 변형과 조립을 통해 건축의 비정형성을
연다면, 누벨은 재료의 혁신과 실험을 통해 건축의 비예측성을 연다.

　IAC에서 게리가 빛을 뿌옇게 하고자 했다면, 100번지에서 누벨은
빛을 녹말가루처럼 으깨고자 했다. 게리의 빛이 번졌다면, 누벨의 빛
은 입자화했다. 게리의 빛이 경계를 모호하게 했다면, 누벨의 빛은
스스로 깜빡거렸다.

　IAC와 100번지는 하이 라인과 더불어 첼시 지역의 명물이 되었
다. 폐철로 공원화 사업인 하이 라인은 공중에 떠 있는 길이고, IAC
와 100번지는 그 길을 풍성하게 하는 최첨단 마천루이다.

→ 위 사진은 100번지의 창문 디테일이고, 아래 사진은 IAC 건물 표면에서 반사하는 100번
지이다. 두 마천루는 짝을 이루며 현대 마천루가 나아갈 방향을 보여준다. ⓒ이중원

8 스프루스 스트리트
(8 Spruce Street)

2011

울워스 빌딩에 대한 뉴요커들의 사랑은 쉽게 식지 않았다. 지어질 당시에도 사랑을 받았지만, 그 후에도 오랜 시간 사랑을 받았다. 건축가 길버트의 건축적 유산은 그가 죽은 후에 더 빛을 발했다. 울워스 빌딩은 시간이 흐르면서 점점 고전이 되었다. 항상 새로움을 추구하고, 날마다 변신을 꿈꾸는 맨해튼 입장에서 생각해 보면, 마천루가 낡을수록 새로워지는 일은 드물다. 맨해튼은 울워스 빌딩의 드문 고전성으로 랜드마크라는 칭호를 수여했다.

이후에도 많은 마천루들이 울워스 주변에 세워졌지만, 울워스의 상대는 되지 않았다. 무너진 쌍둥이 타워(세계무역센터 1동과 2동)가 올라갔을 때도, 세계금융센터에 4개의 마천루가 치솟았을 때에도 울워스 빌딩의 명성은 가려지지 않았다. 울워스 빌딩은 마천루로서는 최초로 땅과 하늘을 분절없이 이어주고 수직 도시의 가능성을 열었다.

울워스가 세워지고 약 100년이 된 시점인 2011년에 드디어 울워스가 아름다운 마천루로서 이룩한 건축적 성과에 정면으로 도전하는 마천루가 로어맨해튼에 들어섰다. 바로 8 스프루스 스트리트(8 Spruce Street)였다. 프리츠커 상을 수상한 프랭크 게리가 건축했다.

울워스 빌딩이 20세기 초 돌로 백색을 표방하며 하늘로 올라갔다면, 8 스프루스는 21세기 초 메탈로 은색을 내세우며 하늘로 치솟았다. 울워스 빌딩은 망치와 정이 지나간 조각의 궤적으로 빛났고, 8 스프루스는 3D 레이저 카터가 흘러간 조형의 자취로 윤이 났다. 울워스는 깊고 넓은 과거의 시간을 현재에 불러왔고, 8 스프루스는 잡힐 듯 말 듯 흘러가는 미래의 시간을 현재에 미리보게 했다.

오늘날 브루클린 다리에서 바라본 울워스 빌딩과 8 스프루스는 맨해튼 창공을 더욱 푸르게 한다. 마천루는 시간을 반영하고, 기술 집약적이며, 무엇보다 하늘에 대한 이야기를 새롭게 발생시킬 수 있는 가능성을 열어준다. 100년 전 로어맨해튼이 울워스 빌딩으로 세상에 나왔다면, 오늘날 로어맨해튼은 8 스프루스로 새롭게 거듭난다.

8 스프루스는 게리가 로어맨해튼에 지은 첫 번째 마천루였다. 뉴요커들은 8 스프루스를 '게리의 뉴욕'이라고 불렀다. 게리의 뉴욕이라는 이름을 뜯어보면, 몇 가지 중요한 사실을 알 수 있다. 첫째 뉴요

전면에 은색의 철로 된 마천루가 바로 8 스프루스 스트리트 빌딩이다. 후면에 청록색 첨탑을 가진 흰색 돌로 된 마천루가 울워스 빌딩이다. 울워스의 곧은 수직성이 8 스프루스에 와서는 흐느적거리는 수직성이 되었다. 그것은 최첨단 기술만이 열어줄 수 있는 춤추는 미학이었다. ⓒ이중원

커들이 자신들이 살고 있는 맨해튼의 유전자로 마천루를 꼽고 있고, 둘째 뉴요커들이 자신들이 사랑하는 맨해튼을 빛낼 인재로 건축가를 지목하고 있다.

브루클린 다리에서 로어맨해튼을 바라보면, 우측으로는 울워스 빌딩이 있고, 좌측으로 게리의 뉴욕이 있다. 마천루 도시의 과거와 미래가 공존한다. 특히 미래라는 시간이 과거라는 시간과 손잡는다. 게리의 뉴욕은 춤춘다. 하늘에서 춤춘다. 건물을 하늘에서 춤추게 하는 것은 도전과 혁신의 결과이다. 게리는 76층 마천루가 춤출 수 있도록 층별로 서로 다른 평면도를 짰다. 비대칭의 돌출 창이 외관에서 물결칠 수 있도록 곡선의 변곡점까지 창을 누르며 밀어냈다. 유연하게 부풀어 올랐다가 가라앉는 메탈 외장재는 물속에서 소용돌이치는 물결 문양 같기도 하고, 봄바람에 하늘하늘 흔들리는 나뭇가지 같기도 하다.

은빛의 8 스프루스가 로어맨해튼에서 춤추는 모습은 각별한 의미를 가진다. 대다수 로어맨해튼 마천루들은 20세기 초반에는 철골 구조에 돌을 입혔고, 20세기 중반에는 철골 구조에 짙은 유리를 입혔다. 돌 마천루는 음각과 양각을 통해 그림자의 미학을 펼쳤고, 유리 마천루는 훤히 보이는 유리의 속성을 이용하여 투명의 미학을 펼쳤고, 이제 게리의 뉴욕은 메탈 패널의 펼침과 접힘을 통해 반사하며 춤추는 율동의 미학을 펼친다.

게리의 뉴욕은 브루클린 다리에서 보이는 로어맨해튼의 스카이라인을 새롭게 했고, 다소 뜸해진 미드 맨해튼의 발걸음을 로어맨해튼으로 재촉하는 촉매제가 되었다. 앞으로 서울에 세워질 마천루는 꼭 게리의 마천루와 같이 춤을 추어야 하는 것은 아니지만, 게리의 마천루와 같이 세계인이 인정할 수 있는 새로운 가치를 도시에 주어야 한다. 실험적이어야 하고, 경쟁적이어야 하고, 시간적이어야 한다. 마천루는 그렇게 할 수 있고, 또 그래야만 한다. 울워스는 왈츠를 추고 있고, 8 스프루스는 힙합 댄스를 추고 있다.

8 스프루스와 울워스의 비교는 이것 자체가 건축 역사서이다. 길버트는 고딕 정신을 이어받아 마천루를 위로 솟게 했고, 게리는 바로크 정신을 이어받아 마천루가 위로 파도치게 했다. 길버트는 돌의 세공으로 장인성을 드러냈고, 게리는 메탈의 디지털 패브리케이션을 통해 혁신성을 드러냈다.

전면에 보이는 강이 이스트 강이고, 사진 중앙에 보이는 마천루가 8 스프루스이고,
사진 우측에 보이는 다리가 브루클린 다리이다.
브루클린 측에서 바라보는 로어맨해튼은 언제 봐도 아름답다.
우리 도시도 이제 강변을 따라 이처럼 시적인 마천루 군집을 세워야 한다.

게리의 마천루에서
로어맨해튼 감상하기

게리가 지은 마천루(8 스프루스 스트리트)에서 로어맨해튼을 바라보는 것은 돈을 주고도 사기 힘든 조망이다. 맨해튼 섬이 펼쳐지는 이곳은 좌로는 허드슨 강이 보이고, 우로는 이스트 강이 보인다. 날씨가 맑은 날이면, 미드 맨해튼 모습까지 창밖으로 보인다.

인접한 광장과 마천루들이 근경으로 눈에 들어온다. 땅에는 시청 광장이 보이고, 브로드웨이가 보이고, 파크 로우가 보인다. 강에는 브루클린 다리와 맨해튼 다리가 보인다. 하늘에는 울워스 빌딩이 가깝게 보이고, 프리덤 타워가 멀리 보인다.

길버트가 울워스에 세운 관점과 건축가 데이비드 차일즈가 프리덤 타워에 세운 관점이 시대를 달리하며 서 있는 모습을 게리의 파도치는 창 너머로 본다. 인간은 도대체 왜 마천루를 세우는 것일까? 초고층 높이는 도대체 왜 인류를 끊임없이 유혹하는 것일까? 아마도 그것은 다다를 수 없는 하늘을 향한 인간의 몸짓일 것이다.

마천루는 도시의 환상이고, 인류의 도전이며, 도달할 수 없는 미지의 세계를 향한 인간의 갈망이다. 그것은 비전과 생각, 감정의 집적체이다. 그것은 온 힘을 쏟아야 당도할 수 있는 지평이기에 한 세대의 집중을 요구한다.

혹 모든 이들이 도시의 기가 막힌 경관을 부여하는 방을 소유할 수는 없을지 몰라도, 모든 이들이 마천루의 첨탑을 거리에서 바라보는 첨탑 조망권 소유는 누릴 수 있다. 그러하기에 나는 게리 마천루의 정체성을 '초-호화'에 두지 않고, '초-현실'에 두고자 한다.

비록 이 아파트에 사는 사람들은 끊임없이 계급을 구분하는 문화 상품으로서 이 마천루를 소유할지 몰라도, 나는 이 마천루가 도시 곳곳에서 선사하는 파도치는 조형성에 감사할 것이고, 브루클린 다리 너머에서 로머 맨해튼의 마천루 군집미에 또 다른 가능성을 선사한 점에 감사할 것이다.

나는 마천루를 비평등을 조장하는 장치로 보는 관점보다, 도시에 꿈을 불어 넣는 장치로 보는 관점에 동의한다. 아름답고 끊임없이 우리의 마음을 끄는 초고층 마천루를 우리 도시에 짓자. 기왕 지을 것, 가급적 군집미가 나오도록 모아서 짓자. 세상이 놀랄 만한 마천루를 짓고, 세상이 놀랄 만한 마천루 도시를 후손에게 남기자.

게리의 마천루에서 보면, 근경의 브로드웨이 울워스 빌딩과 원경의 그라운드 제로의 프리텀 타워가 보인다.

21세기 초,
맨해튼은 마천루 르네상스 중

맨해튼은 현재 1920년대를 능가하는 마천루 르네상스 시기를 맞이하고 있다. 미드 맨해튼에만 다수의 초고층 마천루가 시공 중에 있다. 파크 애비뉴 425번지에는 건축가 노먼 포스터가 다른 프리츠커 상 수상 건축가들(램 쿨하스, 자하 하디드, 리차드 로저스)과 경합하여 우승한 초고층 마천루가 지어지고 있고, 파크 애비뉴 432번지에는 건축가 라파엘 비뇰리가 설계한 초고층 주거 마천루(426미터)가 시공 중에 있다. 2015년 완공을 목표로 올라가고 있는 비뇰리의 마천루는 엠파이어스테이트 빌딩보다 높고, 그라운드 제로의 프리덤타워보다 낮다.

미드 맨해튼의 마천루 경쟁에 새롭게 불을 지필 거리는 단연 57번 스트리트이다. 비뇰리의 타워도 한쪽은 57번 스트리트를 면하고 있다. 이밖에도 몇 년 안에 3개의 초고층 마천루가 57번 스트리트에 들어설 전망이다. 노드스트롬(Nordstrom) 타워로 알려진 복합용도 초고층 마천루는 두바이의 부르즈 칼리파(현존하는 가장 높은 마천루) 마천루를 디자인한 건축가 아드리안 스미스가 설계했다. 스미스는 최근 시카고 강변에 트럼프 타워를 지어 미디어 스포트라이트를 받았다.

→ 사진의 첫 줄은 파크 애비뉴 마천루들이다. 왼쪽부터 파크 애비뉴 425번지 마천루와 파크 애비뉴 432번지 마천루이다. 사진의 둘째 줄은 57번 스트리트의 마천루들이다. 왼쪽부터 노드스트롬 마천루, 57번 스트리트 111번지 마천루, One 57 타워 마천루이다. 사진의 아랫 줄은 왼쪽부터 모마 타워 마천루, 50 UN 플라자 마천루, 트라이베카 마천루이다. 맨해튼은 스타 건축가들을 고용하여 마천루의 글로벌화, 초고층화를 도모하고 있다.

540미터 높이의 노드스트롬 타워는 타임 워너 센터와 더불어 센트럴파크 남서쪽 코너인 콜럼버스 서클을 새로운 스카이라인으로 빛낼 계획이다. 뿐만 아니라, 57번 스트리트의 111번지와 157번지(One 57 타워)에도 각각 300미터 넘는 초고층 마천루가 지어질 것이다.

53번 스트리트에는 건축가 장 누벨이 디자인한 모마 타워가 세워질 계획이다. 이 마천루는 삼각형의 모티브를 가지고 예각으로 치솟으면서 근래에 보지 못한 뾰족함으로 맨해튼 스카이라인을 바꿀 것이다.

그런가 하면, 맨해튼 허벅지 지역인 UN 플라자, 첼시, 트라이베카에도 초고층 마천루가 착착 들어설 계획이다. UN 플라자와 첼시에는 건축가 노먼 포스터의 초고층 아파트가 트라이베카에는 건축가 헤르조그&드 뫼롱의 초고층 아파트가 지어지고 있다. 한때, 로어맨해튼과 미드 맨해튼에 집중해 있던 초고층 마천루들이 이제 서서히 맨해튼 섬 전체로 퍼질 전망이다.

그라운드 제로가 로어맨해튼의 마천루 경쟁을 부추기고 있다면, 미든 맨해튼은 57번 스트리트와 파크 애비뉴가 마천루 경쟁을 부추긴다. 뿐만 아니라 허드슨 야즈 지역이 현재 초고층 마천루 개발로 천지개벽 중이다. 20세기 초 그랜드 센트럴 스테이션 철로 부지 공중권을 사서 초고층 마천루를 세운 곳이 오늘날의 파크 애비뉴라면, 21세기 초 펜스테이션 철로 부지 공중권을 사서 초고층 마천루 개발을 단행하고 있는 곳이 허드슨 야즈다. KPF에서 설계한 허드슨 야즈는 하이 라인의 북쪽을 담당하며 새로운 초고층 동네로 부상할 계획이다.

맨해튼은 지금 과거보다 더 높은 마천루, 더 많은 마천루를 꿈꾸고 있다. 맨해튼은 새로운 높이와, 밀도로 마천루 도시의 새로운 장을 열 것이다. 맨해튼은 새로운 마천루 생산을 통해 도시의 얼굴을 바꿀 것이고, 도시에 생명을 불어넣을 것이다. 맨해튼의 초고층화, 초고밀화는 맨해튼을 지속적으로 자라나는 초고층 도시로 만들 것이다. 우리 도시도 높이 빗장을 풀어야 한다.

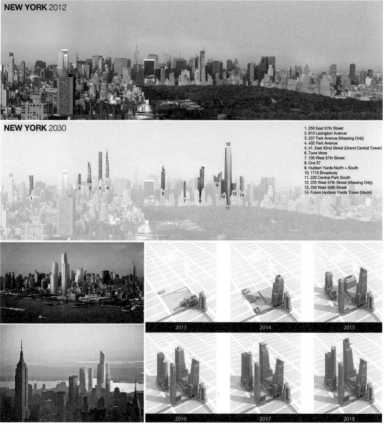

사진의 상단은 앞으로 변하게 될 미드 맨해튼의 스카이라인을 다이어그램으로 표현한 것이고, 사진의 하단은 현재 마천루로 천지개벽 중인 허드슨 야즈 일대의 마천루를 표현한 것이다.

231

그라운드 제로의
프리덤 타워

2001년 9월 11일 오전 8시 46분에 비행기 한 대가 맨해튼 쌍둥이 타워의 한 동인 세계무역센터 1에 충돌했다. 뉴스는 빠르게 인터넷을 타고 퍼졌다. 보스턴에서 내가 다니던 건축회사에서도 사람들은 긴급 뉴스를 보느라 일은 뒤로 하고 스크린 앞에 모여 있었다. 처음에는 사람들이 단순 비행 사고로 여겼다. 15분쯤 지났을까, 두 번째 비행기가 세계무역센터 2에 충돌했다.

놀람과 슬픔, 그리고 다시 일어섬에 누구보다 앞장 선 이들은 맨해튼 뉴요커들이었다. 소방관들과 경찰관들의 애국적인 죽음에는 애도의 물결이 일었다. 유족들은 앞장서서 슬픔을 딛고 일어나 재건 운동을 하자고 했다.

당시 작고한 뉴욕타임스 건축 비평가 허버트 머스햄과 건축 자문 위원들은 맨해튼 이름에 걸맞는 큰 규모의 국제 공모전을 해야 한다는 쪽으로 공론을 몰고 갔고 총 7팀이 초청됐다. 다니엘 리베스킨트, 라파엘 비뇰리, 노먼 포스터, SOM, 뉴욕 건축가 그룹(피터 아이젠만, 찰스 과스메이, 리차드 마이어, 스티븐 홀), 스티븐 피터슨, 그레그 린이었다.

2002년 12월 8일 7팀의 발표가 윈터 가든에서 열렸다. 실시간으로 전 세계가 보고 있는 가운데 건축 공모전 발표를 하는 것은 이전에는 없었던 일이었다. 노먼 포스터, 라파엘 비뇰리, 다니엘 리베스킨트의 안은 시작부터 세간의 관심을 받았다. 특히 두 동의 마천루가 그라운드, 미들 그라운드, 톱 그라운드에서 '3번 키스하는' 포스터의 마천루는 혁신적인 디자인으로 전문가들 사이에서 가장 화제가 되었지만, 시민들과 유족들은 다니엘 리베스킨트의 손을 들어줬다.

리베스킨트의 발표는 뉴요커들의 심금을 울렸다. "우리 모두는 한때 이민자였습니다. 배를 타고 들어온 우리는 자유의 여신상을 보며 자유를 생각했고, 맨해튼의 마천루를 보며 기회를 생각했습니다. 저희 부모님처럼 나치 정권에서 수감 생활을 하셨던 분들께는 맨해튼의 자유와 기회가 더욱 절실했습니다. 9·11로 쌍둥이 타워가 무너져 우리의 가치와 제도가 심한 도전을 받았지만, 쌍둥이 타워를 가능하게 한 암반과 기초벽은 여전히 건재합니다."

그의 발표는 유족들과 뉴요커들의 심금을 울렸다. "저는 제안합니다. 이 나라를 가능케 한 1776년 독립을 상징하는 마천루를 세우고자 합니다. 이 타워의 이름은 프리덤 타워일 것이고, 높이는 1776피트일 것입니다. 이로부터 자유의 여신상의 횃불 모양으로 나머지 마천루들을 세우고자 합니다." 리베스킨트가 발표를 마치자, 박수가 터졌다. 리베스킨트는 자신의 그라운드 제로 마스터플랜 제목을 '기억의 기초(Memory Foundation)'라 했다.

자유의 여신상의 횃불 모양으로 그라운드 제로의 마천루 높이는 점증적으로 낮아졌다. 두 개의 원래 타워가 있었던 땅은 비워서 공공의 공원으로 제안했다. 리베스킨트는 시민들을 위해 목숨을 희생한 소방관들의 동선을 '영웅의 선(Lines of Heroes)'이라 부르며 공원의 동선 체계가 되게 했고, 또한 '빛의 쐐기(wedge of light)'라는 개념을 고안해 매해 9월 11일 오전 8시에서 10시 사이에 태양이 빌딩 숲을 비집고 들어오게 했다. 이로써 리베스킨트의 그라운드 제로 마스터플랜이 선정되었고, 리베스킨트는 하루아침에 마천루 업계 스타가 되었다.

시행사 대표 래리 실버스타인은 데이비드 차일즈에게는 세계무역센터 1동(WTC 1, 프리덤 타워) 설계권을 부여했고, 노먼 포스터에게는 WTC 2 마천루 설계권을, 리차드 로저스에게는 WTC 3 마천루 설계권을, 후미히코 마키에게는 WTC 4 마천루 설계권을 부여했다.

프리덤 타워의 첨탑은 리베스킨트의 마스터플랜과 같이 1776피트(541미터)까지 솟았다. 프리덤 타워는 하늘 정사각형과 땅 정사각형의 꼭짓점들을 이어 형성한 삼각형으로 이뤄진 다면체이다.

차일즈는 프리덤 타워의 저층부가 투명하길 원했다. 2,000개가 넘

왼쪽 사진은 프리덤 타워의 2013년 9월의 모습이고, 오른쪽은 실제 모습이 아니라 계획단계 당시 사진과 3D 투시도를 합성한 사진이다. 프리덤 타워 옆에 보이는 마천루(4개의 다이어몬드를 첨탑으로 하고 있는 타워)가 건축가 노먼 포스터의 WTC 2번이고, 그 옆에 전면에 4개의 X자를 하고 있는 마천루가 건축가 리차드 로저스의 WTC 3번이고, 바로 그 우측에 있는 마천루가 건축가 후미히코 마키의 WTC 4번이다. 프리덤 타워와 WTC 4번은 지어졌고, WTC 2번과 WTC 3번은 잠정 보류 상태이다. 이들이 모두 다 지어지고 나면, 허드슨 강변에서 바라보는 로어맨해튼의 스카이라인은 쌍둥이 타워가 있기 전보다 훨씬 다이내믹한 방식으로 펼쳐질 것이다.

는 유리들이 18미터가 넘는 로비를 감싸고, 로비층 정사각형 평면의 한 변의 길이는 60미터이다. 무너진 쌍둥이 타워의 한 변과 같은 길이다.

프리덤 타워는 준공과 함께 맨해튼에서 가장 높은 마천루가 될 것이다. 더 나아가 미국에서 가장 높은 마천루가 될 것이다. 프리덤 타워는 쌍둥이 타워가 가졌던 로어맨해튼 스카이라인의 위용과 아름다움을 복원할 뿐만 아니라 새롭게 정의할 것이다. 허드슨 강가에 있는 건축가 시저 펠리의 월드 파이낸셜 센터와 함께 프리덤 타워는 점증적으로 높아져 가는 마천루 군을 형성할 것이다.

리베스킨트는 말했다. "더 이상 사람들은 마천루가 꼭 필요하지는 않다. 그렇지만 스스로를 조화로운 우주에서 아슬아슬한 상태로 밀어낼 때, 그들의 육체와 영혼은 요동친다. 아마도 사람들이 맨해튼을 찾는 본질적인 이유가 바로 요동침에 들어가고 싶어서일 것이다." 프리덤 타워는 로어맨해튼에 새로운 스카이라인을 형성할 것이고, 이를 바라보는 사람들의 마음은 새롭게 흔들릴 것이다.

나가며

맨해튼 이야기를 길과 마천루로 묶어야겠다고 생각했다. 나는 맨해튼의 주요 도로들이 주요 랜드마크 마천루들과의 인과 관계가 있음을 알았다. 길은 마천루의 원인이었고, 마천루는 길의 결과였다. 맨해튼은 길로 번영했고, 맨해튼은 마천루로 번영을 반영했다.

처음에는 『건축으로 본 뉴욕 이야기』와 이 책의 내용을 한 권으로 묶어 출판할 계획이었는데, 책 분량과 특성을 고려해 분권하는 쪽으로 가닥을 잡았다. 그래서 맨해튼을 설명하는 두 가지 핵심 주제인 '길'과 '마천루'를 나눠 독립된 책으로 만들었다.

2014년 내가 바라보고 있는 맨해튼 마천루사 이야기의 시작점은 '플랫아이언 빌딩'이고, 이야기의 종결점은 '프리덤 타워'이다. 플랫아이언 빌딩은 맨해튼의 과거를 이야기하고, 프리덤 타워는 맨해튼의 미래를 이야기한다. 그리고 프리덤 타워는 9·11사건이라는 건축계를 뛰어 넘는 큰 사건과 연동되어 있으므로, 앞으로 아무리 많은 마천루가 맨해튼에 세워진다 해도 결코 잊히지 않을 초대형 랜드마크 마천루이다.

이 책에서 다뤄진 마천루 중에서 몇몇 마천루들은 길(또는 광장)과 따로 떼어서는 생각할 수 없다. 가령 플랫아이언 빌딩(매디슨 스퀘어 광장), 록펠러 센터(5번 애비뉴), 타임워너 센터(콜럼버스 서클 광장) 등이 있다. 이 경우 가급적 길과 광장의 틀 속에서 설명을 하려고 애는 썼지만 역시 모자라는 부분이 있다.

따라서 모자라는 부분에 갈증을 느끼는 독자들에게는 이 책의 분신 『건축으로 본 뉴욕 이야기』도 함께 읽어보길 권한다. 도시의 바탕이 되는 길과 광장에 대해서 이 책보다 훨씬 자세하게 살피고 있으므로 갈증을 다소 해결시켜 주리라 믿는다.

나는 이 책 서두에서 이런 질문을 던졌다. "우리는 초고층 마천루를 지어야 하는가? 아니면, 짓지 말아야 하는가?" 책이 질문에 대한 답을 내리는 데 어느 정도 도움이 되었으면 좋겠다. 사실 맨해튼 마천루는 글로 묘사되어야 할 대상이 아니다. 그보다는 맨해튼에 가서 직접 보고, 그 안에 들어가 봐야 한다. 맨해튼 마천루는 길 위에서 느껴야 하고, 태양 아래서 바라봐야 한다. 그럴 때만이 마천루의 진가를 새로 느끼게 될 것이고, 그럴 때만이 마천루 도시인 맨해튼을 다시 알게 될 것이다. 건축의 세계는 지식의 세계이자 감정의 세계이지만, 무엇보다 만남의 세계다. 오직 만남을 통해 우리는 변화를 향한 첫걸음을 뗄 수 있게 될 것이다. 끝으로 나는 이런 선언적 결론으로 책을 마무리하고 싶다.

우리 도시에 초고층 마천루를 짓자. 초고층 마천루는 맨해튼이 말해주는 것처럼 하나의 도시에 30년간 약 10동 정도 지을 수 있다. 가급적이면 수직성이 드러나게 짓자. 남쪽으로 지어 하루 중 많은 해를 받을 수 있도록 짓고, 수변에 지어 수면 위로 마천루의 실루엣이 수면에 반사하도록 짓자. 거리를 살리는 중심축이 깊은 로비를 만들자. 하늘을 살리는 첨탑을 세워 세계가 놀라는 스카이라인을 짓자. 우리 세대에 일부를 하고, 다음 세대에도 계속하자. 우리 도시가 서

서히 초고층 도시로 갈 수 있는 길을 열자. 높이, 아름답게 지어 후세
가 번영할 수 있도록 짓자. 마천루를 짓자. 초고층 도시를 만들자.

(Acknowledgement : This book is supported by NRF-2012R1A1A1019741.

초고층 도시 맨해튼

1판 1쇄 인쇄 2015년 1월 16일
1판 1쇄 발행 2015년 1월 23일

지은이   이중원
펴낸이   정규상
펴낸곳   성균관대학교 출판부
출판부장   안대회
편집   신철호 · 현상철 · 구남희
외주디자인   장주원
마케팅   박인봉 · 박정수
관리   박종상 · 김지현
등록   1975년 5월 21일 제1975-9호
주소   110-745 서울특별시 종로구 성균관로 25-2
전화   02)760-1252~4
팩스   02)760-7452
홈페이지   press.skku.edu

ISBN 979-11-5550-097-2(03610)